AF127399

دفاتر

الدكتور ميشيل سيم جوود

ماري كريستين كولينز

أخيرًا سأنام جيدًا!

ترجمة

بسنت عادل فؤاد

دار جامعة حمد بن خليفة للنشر
HAMAD BIN KHALIFA UNIVERSITY PRESS

المحتويات

التشخيص الذاتي: أي نوع من النائمين أنت؟ 4

الجزء الأول: ماذا يعني النوم؟ 7

الفصل الأول: ما فائدة النوم؟ 8

الفصل الثاني: فك شفرة الليالي 14

الفصل الثالث: الآليات الغامضة للنوم واليقظة 21

الفصل الرابع: الذهاب لاستشارة الطبيب 27

الوصفة الصحية 32

الجزء الثاني: تدريبات الدكتور جوود! 33

الفصل الأول: النهوض مثل «الزهرة» في الصباح 34

الفصل الثاني: تسخير الموجودات لخدمتنا نهارًا 39

الفصل الثالث: انتقال سلس في المساء 48

الفصل الرابع: التعامل مع المنغصات في الليل 56

الوصفة الصحية 61

إلى اللقاء بعد ستة أشهر 62

لمزيد من المعلومات 63

2

كلمة ميشيل سيم

«هل تنام جيدًا؟». يكتسب هذا التساؤل التقليدي أهميةً كبرى، على الأقل لدى واحد من كل ثلاثة فرنسيين دائمًا ما يجيب عنه بالنفي، وعدد هؤلاء الأشخاص يزداد باستمرار، والسبب هو كون النوم، أو بالأحرى اضطرابات النوم تمثل إحدى المشكلات الرئيسية في مجال الصحة العامة والخاصة. ومع ذلك، يُعَد النوم الجيد أمرًا ضروريًّا للغاية؛ فالنوم الجيد يقوِّي جهاز المناعة، ويعزِّز طاقتنا اليومية، ويرفع معنوياتنا، ويزيد من تركيزنا، وينظم شهيتنا، وما إلى ذلك. أي أنه عنصر أساسي لا غنى عنه. لكن، من المؤسف أن الحياة الحديثة، بتعطُّشها للمنافسة والتوتر المصاحب لها، لا تسمح بطريقة ما بأن تقلل من عدد الأشخاص الذين ينامون بشكل سيِّئ.

عن طريق فهم آليات النوم وعاداتكم (والصعوبات)، يمكنكم صُنع ردود أفعال بسيطة تجدون بها ذراعَي «مورفيوس»، أي تنامون بشكل عميق من دون الحاجة إلى المرور بعلبة الحبوب المنومة. هذا هو بيت القصيد من هذا الكتاب الذي سيساعدكم، بوصفكم أصدقاء، على الخروج من هذه الدائرة الجهنمية التي ربما آلت إليها لياليكم وأيامكم. الغذاء، ونمط الحياة الصحي، والتغيرات في البيئة المحيطة، والاسترخاء، والأعشاب... هناك آلاف الأشياء التي يجب اتباعها للعودة إلى النوم المريح. نحن نراهن على أنكم في نهاية هذا الكتاب، ستتمكنون أخيرًا من الإجابة بـ«نعم» عن السؤال: «هل تنام جيدًا؟».

ميشيل سيم

التشخيص الذاتي

أي نوع من النائمين أنت؟

لمزيد من المعلومات عن تفاصيل لياليك، وما يمكن أن يساهم في تحسينها، نقترح عليك هذا الاختبار الصغير للتشخيص الذاتي، وستوجهك النتيجة بعد ذلك إلى اختيار أكثر الحلول ملاءمة لحالتك من بين حلولنا المقترحة.

تشعر بالتعب على وجه التحديد:

- عندما يرن منبهك في الصباح.
- في فترة الظهيرة بعد تناول الوجبة.
- من بداية المساء.
- طوال اليوم.

كم تستغرق من الوقت حتى تغفو؟

- أقل من 15 دقيقة.
- من 16 إلى 30 دقيقة.
- من 31 إلى 60 دقيقة.
- أكثر من ساعة.

في أثناء الليل:

- تستيقظ مرة واحدة على الأقل لتذهب إلى الحمَّام.
- بمجرد أن تنام، تقضي نومك مرة واحدة لا تستيقظ خلالها.
- تستيقظ لأنك لا تستطيع العودة إلى النوم.
- لا تستطيع أن تنام بعد الرابعة صباحًا.

تنام في المتوسط:

- أقل من 5 ساعات.
- من 5 إلى 6 ساعات.
- من 7 إلى 8 ساعات.
- على الأقل 8 ساعات.

تغفو:

- بمجرد أن تجلس على الكرسي.
- كل مساء أمام التلفزيون.
- في وسائل المواصلات (السيارة، والقطار، والمترو).
- في أثناء القراءة في فترة ما بعد الظهر.

نشاطك البدني:

🫘 لا رياضة! مثل ونستون تشرشل.
〰️ في عطلة نهاية الأسبوع فقط.
◀️ حاول المشي لما لا يقل عن خمسة آلاف خطوة في اليوم.
🏰 ضروري للغاية بالنسبة إليك حتى تتخلص من التوتر، وتشعر بالاسترخاء في المساء بعد العمل.

حالتك الذهنية:

◀️ هل تشعر بأنك بطيء؟
🏰 هل تكون عصبيًا دائمًا؟
🫘 هل لديك مخاوف تشغل بالك دائمًا؟
〰️ هل أنت قلِق بطبيعتك؟

لكي تنام بطريقة أفضل:

◀️ تتناول الحبوب المنومة.
🫘 تتناول فاتحًا للشهية.
〰️ تتناول خلاصة الأعشاب.
🏰 تمارس اليوجا.

على المنضدة:

〰️ نادرًا ما تشعر بالجوع، وتتناول أقل القليل من الطعام.
🏰 تكون دائمًا أول مَن ينتهي من طعامه.
◀️ تتناول المزيد من الطعام وتعاني زيادة الوزن.
🫘 لا تستطيع الالتزام بتناول خمس قطع من الفاكهة ومن الخضراوات يوميًّا.

تستغل عطلة نهاية الأسبوع في:

🫘 النوم لفترة طويلة حتى وقت متأخر من الصباح.
◀️ الحصول على قيلولة.
〰️ ممارسة الرياضة.
🏰 أداء المهام المؤجلة.

كم عمرك؟

🏰 ما بين 20 و30 عامًا.
🫘 ما بين 30 و40 عامًا.
◀️ ما بين 50 و60 عامًا.
〰️ فوق 60 عامًا.

احسب نقاطك

◀️	🫘	🏰	〰️

إذا كانت أغلب إجاباتك 🏰 : فالنوم يهرب منك

لا شك أن عينيك تظلان مفتوحتين لمدة أربع وعشرين ساعة على مدى عدة أيام، فأنت تعيش وكأنك تجري مائة ميل في الساعة، أي أنك تعيش حياة مليئة بالإثارة والحركة. في التراكم الرباعي - العمل، والترفيه، والحياة الاجتماعية، والحياة العاطفية والأسرية - أنت لا تريد أن تضحي بأي شيء. وتصيبك الدهشة عندما تجد في بعض الأحيان صعوبة في النوم في المساء! لتجنب الوقوع في فخ الأرق، سيتعين عليك تعلم تخفيف سرعتك، واعتماد حياة أكثر عقلانية واعتدالًا تساعدك على التقليل من التوتر.

اتبع نصائحنا لكي تنام على نحو أسرع، مثل: تجنب النوم لوقت متأخر في الصباح (انظر صفحة 35)، احذر الضوء الأزرق (انظر صفحة 49)، أو تناول وجبة العشاء (في الآداب العامة) (انظر صفحة 49).

إذا كانت أغلب إجاباتك ❤ : فلياليك مضطربة

يُعَد الاستيقاظ عدة مرات في الليلة أمرًا طبيعيًا بعد سن الخمسين، عندما يصبح النوم أقل عمقًا. لكن النوم المتقطع يمكن أن ينقلب إلى نمط حياة غير صحي، مثل: تناول وجبة عشاء ثقيلة للغاية، والنوم في غرفة شديدة الحرارة، والرياضة في الوقت الخطأ أو بشكل غير كافٍ، إلخ. ومن الممكن أيضًا أن يحدث الاستيقاظ من دون عودة إلى النوم نتيجة بعض الأمراض، مثل: مرض السكر، أو أمراض البروستاتا. وإذا لم تنم على الفور، فعادةً ما يكون ذلك بسبب اجترار الأفكار التي ظهرت في الآفاق. ولكي تتوقف عن النوم على «حلقات»، لا تغفل عن نصائحنا، ولا سيما: كيفية تنظيم غرفة نومك بطريقة أفضل (انظر صفحة 39)، ومعرفة قيمة العلاجات السلوكية والمعرفية (انظر صفحة 46)، أو اختيار النبات الذي يناسبك على نحو أفضل (انظر صفحة 51).

إذا كانت أغلب إجاباتك 💤 : فأنت تستيقظ قبل الفجر

يمكن أن يكون ذلك علامة على الاكتئاب. مثل عكسه تمامًا: عدم القدرة على النهوض من السرير. ولكن من الراسخ أيضًا أننا نستيقظ أكثر فأكثر مبكرًا مع مرور السنين، وننام بمجرد انتهاء الأخبار التلفزيونية، وهذا ما يطلق عليه علماء النوم (خبراء النوم): «التحوُّل المرحلي». ويمكن أن ينتج هذا التحول أيضًا عن ساعات عمل غير اعتيادية، أو الشروع في رحلات أو أسفار طويلة، أو إيقاع حياة فوضوي بشكل مفرط. إذا كنت تريد أن تكون أقل إزعاجًا ولا تغادر السرير قبل الفجر، فاتبع النصائح الخاصة بك، مثل: «المعالجة المثلية» أو «الهوميوباثي» الذي كُيِّف لمعالجة حالات الاستيقاظ المبكر (انظر صفحة 37)، والاستفادة من المزيج بين «الميلاتونين» والنباتات (انظر صفحة 53)، أو إتقان السوفرولوجيا (العلاج بالاسترخاء) (انظر صفحة 46).

إذا كانت أغلب إجاباتك ◀ : فأنت تستيقظ منهكًا

تنام مباشرة ولمرة واحدة، وتبدو لياليك طبيعية، فما سبب استيقاظك منهكًا إذا كنت تنام بالفعل؟ ربما لا يكون الأمر بالضرورة هكذا، ولكن يمكن أن تؤدي بعض الأمراض إلى ضعف جودة النوم، ولا سيما متلازمة تململ الساقين أو توقف التنفس في أثناء النوم (المصحوب عمومًا بالشخير الذي يشير إلى عدم الراحة الميكانيكية في مرور الهواء)، وهذا مما يجب عدم الاستخفاف به. يمكن أيضًا أن تكون الأدوية هي السبب، مثل الحبوب المنومة. دائمًا ما يكون اللجوء إلى الطب التكميلي ونصائح نمط الحياة الصحي مفيدين، لكنهما قد يكونان غير كافيين، لذا، لا تتردد في الحصول على الاستشارة لمعرفة ما إذا كانت لياليك السيئة بسبب مشكلة طبية (انظر صفحة 28).

الجزء الأول

ماذا يعني النوم؟

غير راضين عن لياليكم؟ ستحتاجون إلى قليلٍ من الصبر، لأنه لا يمكن معالجة الأسباب الجذرية للمشكلة من دون معرفة كيفية عملية النوم. وهذا أمر عظيم، سنشرحه لكم.

الفصل الأول

ما فائدة النوم؟

سنقودكم إلى أكثر مما تعتقدون بكثير! إذا كنتم، مثل واحد من كل ثلاثة فرنسيين، تنامون بشكل سيِّئ في كثير من الأحيان، فالوقت قد حان لتغيير الأشياء، من أجل صحتكم، ومعنوياتكم، وشخصياتكم!

النوم، يا لها من سعادة!

أمر حيوي مثل الطعام!

في بعض الأحيان، يُنظر إلى الراحة الليلية على أنها «متغير للتحكم» لتوفير الوقت، إلا أن الراحة الليلية هي الطريقة الوحيدة التي تدعم الوظائف الأساسية في الجسم. فليس من قبيل المصادفة أن الحرمان من النوم هو شكل من أشكال التعذيب الذي يؤدي بسرعة إلى فقدان التوازن والهلوسة والبارانويا، ويقتل أسرع بكثير من نقص الطعام.

لا، لا يمكننا البقاء بلا نوم

لا تخلو الحكايات من أشخاص اختبروا طوعًا مقاومتهم للنوم. يعود أطول سجل معروف إلى راندي غاردنير، البالغ من العمر سبعة عشر عامًا، من كاليفورنيا، الذي أتم أحد عشر يومًا متتالية من دون نوم في عام 1965 بعدما دخل في رهان ما. في الآونة الأخيرة، نام رجل صيني يبلغ من العمر ستة وعشرين عامًا، كان قد بقي مستيقظًا لفترة طويلة لمشاهدة جميع مباريات بطولة أمم أوروبا لعام 2012، ولم يستيقظ بعدها. لذلك يبدو أن هذا هو الحد الأقصى.

أخبرني يا دكتور جوود

هل صحيح أننا ننام أقل فأقل؟

في الواقع، خلال خمسين عامًا، فقدنا ساعة ونصف الساعة من النوم في كل أربع وعشرين ساعة، وفقًا للمعهد الوطني للنوم واليقظة. هـذا هو السبب في أن مشكلة النوم أصبحت «شأنًا وطنيًا».

راحة جسدية وعقلية حقيقية

ليست فائدة النوم الراحة فحسب، بل إنه وقت حاسم يتيح للجسد إعادة ضبط مجموعة كاملة من العدادات لتصل إلى صفر. صحيح أن أداء «مراجعة تقنية» يُعَد أمرًا ضروريًّا، لا لنكون في حالة جيدة فحسب، ولكن أيضًا لتجديد أجسادنا بصورة جيدة.

الجسد مدين له

يقوي دفاعاتنا المناعية

يساعد النوم على حماية الجسم، خصوصًا أنه يؤدي إلى الذروة في إنتاج بعض «السيتوكينات». وهذه السيتوكينات هي رسل إلى الجهاز المناعي، وتساعد في الدفاع عنا عن طريق إثارة الالتهاب. ورد الفعل هذا، غالبًا ما يُعَد مزعجًا (كحدوث احمرار، أو تورم، أو ارتفاع في درجة الحرارة)، ولكنه يعمل مع ذلك على صد العدوان في أثناء الهجوم (من قِبل عدوى، أو حساسية) أو بعد حدوث صدمة. فقد أثبتت التجارب أن الحصول على قسط كافٍ من النوم يمكن أن يقاوم الفيروسات أربع مرات بشكل أفضل. على العكس من ذلك، فإن جهاز المناعة هو واحد من الأجهزة التي تضعفها مشكلات النوم.

يقي من أمراض القلب والأوعية الدموية

وفقًا لدراسة نُشرت في مجلة الجمعية الطبية الأمريكية، فإن مجرد الحصول على ساعة إضافية من النوم ليلًا يمكن أن يقلل من خطر تصلب الشرايين، وهو أحد الأعراض الأولى التي تنذر بالإصابة بأمراض القلب والأوعية الدموية. للوصول إلى هذا الاستنتاج، قارن باحثون في جامعة شيكاغو بين مدة نوم الأشخاص الذين تتراوح أعمارهم بين 35 إلى 47 عامًا وصورة شرايينهم. وكانت النتائج: 27% من المشاركين ينامون أقل من 5 ساعات في الليلة ويعانون انسدادًا جزئيًّا في الشرايين، مقارنة بـ11% فقط ممن ينامون من 6 إلى 7 ساعات، و6% ممن ينامون أكثر من 7 ساعات. تأثير رئيسي آخر: في أثناء النوم العميق، يرسل الدماغ إشارة مهدئة إلى الجهاز العصبي السمبثاوي الذي يدير، من بين أمور أخرى، ضغط الدم ومعدل ضربات القلب. فوفقًا لباحثين يونانيين هذه المرَّة، يمكن أن تؤدي قيلولة بسيطة إلى خفض ضغط الدم المرتفع بمقدار 5.3 ملم زئبق.

نحن ننام ثلث حياتنا، أو ما يقرب من خمسة وعشرين عامًا في الإجمالي!

قد تبدو الفترة طويلة للغاية، إلا أن الثدييات الأخرى تهزمنا بجدارة، مثل الكوالا والخفاش (التي تنام أكثر من عشرين ساعة في اليوم)، أو الأسد الذي يقضي أكثر من نصف حياته في النوم. على النقيض الآخر، بالكاد تغمض الأفيال والزرافات والخيول أعينها لمدة ساعتين إلى أربع ساعات في الليلة.

يجنب الزيادة في الوزن

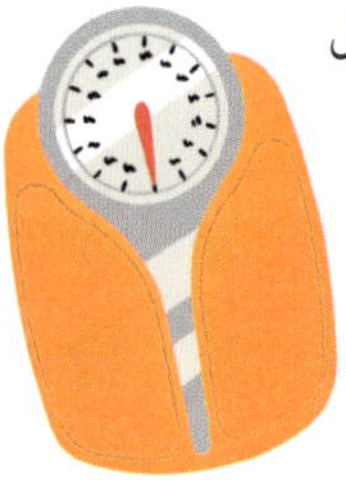

من ينم يتغذَّ حقًّا؟ من المؤكد أننا نجد إغراء أقل لفتح الثلاجة، لكن هذا ليس كل شيء. تعود الدراسة الأولى التي تربط مدة النوم بالسمنة لدى الأطفال إلى عام 1992. منذ ذلك الحين، لم يعد هناك مجال للشك، فالنوم عند البالغين أيضًا يعمل على إفراز هرمونين في الجهاز الهضمي: فهو يقلل هرمون الجريلين الذي يحفِّز الشهية، ويزيد هرمون اللبتين الذي ينظِّم الشبع وتخزين الدهون في الجسم. إضافةً إلى ذلك، فهو يعزز تخليق البروتين، وبالتالي نمو العضلات.

يجمِّل البشرة

في الليل، يجري تنشيط عمليات التئام الجروح، وتتجدد الخلايا التي تبلغ ذروتها بين الساعة الثانية والرابعة صباحًا؛ علاج تجميلي حقيقي يبطئ ظهور التجاعيد. بعد إزالة المكياج أو الأوساخ من الجلد بالطبع، لأن الكريم الذي يُوضع على طبقة من الأوساخ يكون أقل فعالية بكثير!

العقل لا يستغني عنه!

يقوي الذاكرة

في أثناء استراحة الجسم، لا يكون الدماغ خاملًا. إنه يفرز البيانات التي جُمعت في أثناء اليوم. ويتخلص من الذكريات غير الضرورية، مما يوفر مساحة، ويحسِّن تسجيل المعلومات الجديدة في اليوم التالي. أظهرت دراسات مختلفة أيضًا تنشيط «الحصين» في أثناء مرحلة معينة من النوم، تسمى «النوم المفارق» (انظر صفحة 15). ومع ذلك، تلعب هذه البنية دورًا مركزيًّا في الذاكرة. هذا هو السبب في أنه من الأفضل تذكر المعرفة الجديدة بعد ليلة من النوم الجيد، خصوصًا إذا كانت مراجعتها قبل النوم مباشرة. ولا يقتصر الأمر على أن الحفظ يكون أقل تشوشًا في الليل فحسب، بل ينشأ حوار حقيقي في أثناء النوم بين مناطق الدماغ المختلفة لتعزيز المعرفة. مع الأسف، أفاد 55% من الطلاب أنهم يعانون مشكلات في النوم (الاستقصاء السنوي لهيم/أوينيون واي)، وأكثر من ربعهم ينامون أقل من ست ساعات في الليلة! أين الخطأ؟

يعزز تعلُّمنا

في الواقع، يعزِّز النوم التعلُّم، وهذا ذو قيمة كبيرة للغاية خصوصًا في مرحلة الطفولة. وإذا كان الطفل ينام ضعف ما ينامه الشخص البالغ، فذلك لأنه ضروري لنموه (يكون إفراز هرمون النمو في أثناء الليل)، وإذا كان النوم المفارق يأخذ مساحة أكبر بثلاث مرات في لياليه، فذلك لأن لديه الكثير ليتعلمه! في أثناء النوم، يراجع الطفل صور اليوم وأفعاله، ويستوعب الأصوات الجديدة والكلمات المسموعة، وينظم مزاجه. يساهم هذا النشاط المكثف في نضوج جهازه العصبي وبناء مخه تدريجيًّا عن طريق إقامة وصلات جديدة.

ينظف أفكارنا من النفايات

في وقت لاحق، يظل النوم يضمن لنا الحفاظ على المادة الرمادية لدينا وصيانتها. مثل أي نشاط، في الواقع، ينتج العصف الذهني النفايات. ولأداء وظائفها، تستهلك خلايا الدماغ ربع الطاقة الكلية للجسم وتطلق كميات كبيرة من المخلفات السامة، مثل بروتينات بيتا أميلويد الخطيرة التي يقال إنها من ضمن أسباب الإصابة بمرض الزهايمر. وتحدث طقوس مثل طقوس التطهير التي تستخدم السائل الدماغي الشوكي، حيث تستحم الخلايا العصبية، وتحمينا - إلى حدٍّ ما - من الخرف. على المدى القصير، نحن نكتسب بفضل ذلك التركيز والإبداع!

> **بالأرقام**
>
> 85% منا ينامون من 6 ساعات ونصف إلى 8 ساعات.
> يجد 1 من كل 3 فرنسيين نومه غير كافٍ.

كم من الوقت يجب أن ننام؟

رد نورمان: «هذا يعتمد على الشخص، على عمره، وحتى على فصول السنة. إننا نميل إلى النوم أقل في الصيف، ونستيقظ مثل الدجاج مع الشمس».

متغير من شخص إلى آخر

لسنا جميعًا متساوين، فهناك أصحاب فترات النوم الطويلة، وأصحاب فترات النوم القصيرة. ويكون تحديد هذا الاتجاه وراثيًّا، ويتجلى غالبًا في مرحلة الطفولة. فهناك بعض الأشخاص المحظوظين الذين يكفيهم النوم لمدة خمس ساعات ونصف أو ست ساعات كل ليلة ليستعيدوا نشاطهم. إنهم، على ما يبدو، يمثلون أقلية إلى حدٍّ كبير (نحو 3% من السكان). في المقابل، سيحتاج نحو 12% من أصحاب فترات النوم الطويلة من تسع ساعات إلى عشر ساعات أو أكثر كل ليلة ليكونوا في حالة جيدة. الغالبية منا تقع في الوسط، بين الاثنين. ولكن إذا كنت تحصل، مثل كثير من البالغين، على سبع ساعات من النوم خلال الأسبوع وأكثر من ثماني ساعات في عطلة نهاية الأسبوع، فذلك لأن سبع ساعات لا تكفيك! لذا، حتى لو كنت تحلم بأن تتساوى مع تشرشل أو نابليون اللذين، على ما يبدو، كانت خمس ساعات تكفيهما، ففكر في أن ألبرت أينشتاين بدوره كان يُنسب إليه من عشر ساعات إلى اثنتي عشرة ساعة من الراحة اليومية!

متوسط وقت النوم في فرنسا
عطلة نهاية الأسبوع
الأسبوع
الساعة 6:41
الساعة 7:51

حسب المراحل العمرية

تصل ساعات النوم إلى الحد الأقصى عند الولادة، ثم تقل حاجتنا إلى النوم تدريجيًّا كلما تقدمنا في العمر. ينام الأطفال الرُّضع ثلاثة أرباع اليوم، وهذا هو السبب في أن الرغبة في «العودة إلى نوم الأطفال» غير منطقية على الإطلاق. يشتكي 42% من كبار السن من اضطرابات النوم، لأنهم أحيانًا يرفضون هذه الحقيقة الواضحة: «مع مرور الوقت، تتغير طبيعة النوم وهذا أمر طبيعي».

العمر	متوسط عدد ساعات النوم اللازمة لكل 24 ساعة
0-3 أشهر	14-17
4-11 شهرًا	12-15
عامان	11-14
3-6 أعوام	10-13
6-13 عامًا	9-11
14-17 عامًا	8-10
18-65 عامًا	7-9
+ 65 عامًا	7-6

المصدر: مؤسسة النوم الوطنية

يجب أن ندفع ثمن قلة النوم!

أي نقص في النوم له تكلفة. وعندما يتراكم النقص، يمكن أن تكون له عواقب صحية ضارة.

وصول التعب إلى ذروته

هذا هو أول تأثير لمشكلات النوم، أي التعب المزمن، الذي يصبح ثقيلًا على نحو متزايد. أو حتى حدوث النعاس، مما يؤدي إلى وقوع الحوادث، سواء في العمل أو في المنزل أو على الطريق (أكثر من ربع الوفيات على الطريق السريع). إضافةً إلى الآثار الضارة على جهاز المناعة، إذ إننا تدريجيًّا، نصبح أقل مقاومة للعدوى. ربما سيجبرنا هذا على الالتزام بالفراش أخيرًا.

أضف إلى معلوماتك

يمكن لكثير من الأدوية أن تؤدي إلى اضطرابات في النوم:

مثبطات بيتا المستخدمة ضد ارتفاع ضغط الدم أو الجلوكوما. موسعات الشعب الهوائية. منتجات ضد نزلات البرد أو مرض الشلل الرعاش، إلخ.
إذا بدا لك أنك تعاني مثل هذا التأثير، فتأكد من أنك تتناول الدواء في الموعد المحدد، ولا تتردد في التحدث إلى طبيبك الخاص.

تدهور المزاج

تظهر أيضًا عواقب أخرى على نحو سريع يكون تأثيرها مهمًا للغاية، إذ نصبح أكثر عصبية وانفعالًا، وأقل استعدادًا لمواجهة القيود العائلية أو المهنية، وتصبح مقاومتنا للتوتر موضع اختبار صعب، تصبح على المحك. وتجعل قلة النوم أيضًا من السرير مكانًا للقلق والاكتئاب.

زيادة مخاطر الإصابة بمرض السكر

تررررن

أخيرًا، تحفِّز مشكلات النوم مرض السكر من النوع الثاني، كما أشارت الجمعية الفرنسية لمرضى السكر في توصياتها. ولا عجب أنه في أثناء الليل يكون تحفيز إنتاج الإنسولين (الهرمون الذي يفتقر إليه مرضى السكر). ويساعد النوم أيضًا على تجديد مخازن الجليكوجين في الكبد، وهو عبارة عن الكربوهيدرات التي تساعد على تخزين الطاقة والحفاظ على ثبات مستوى السكر في الدم.

لا حاجة إلى كثير من النوم أيضًا!

النوم كثيرًا أو قليلًا، يبدو أن كلتا الحالتين المتطرفتين تزيد من المخاطر. النوم أقل من احتياجاتنا بطريقة متكررة يزيد من خطر الإصابة بأمراض القلب. والنوم ليلًا لفترات طويلة لا يُعَد أمرًا مطمئنًا: فبعد مرور عشر ساعات في الليلة، فإنك تخاطر بأن تكون ضحية للصداع عندما تستيقظ، ويزداد خطر الإصابة بالاكتئاب، وقبل كل شيء، يرتفع خطر الإصابة بالسكتة الدماغية بنسبة 56% وفقًا لكثير من الدراسات الدولية الحديثة المنشورة في مجلة جمعية القلب الأمريكية. إذا بدأ جسمك يتوق إلى مزيد من الراحة، فهذه علامة يرسلها إليك. قد يعكس هذا هشاشة لم تُفحص، أو أن نومك أصبح غير فعَّال. باختصار، على أي حال، يخبرنا ذلك أن الفحص الصحي سيكون موضع ترحيب.

نصيحة الدكتور جوود المُثلى!

من السهل معرفة إذا كنت تحصل على قسط كافٍ من النوم أم لا، فالمسألة ليست في عدد الساعات. والقاعدة بسيطة للغاية: ما دمت تستيقظ وأنت تشعر بالانتعاش في الصباح ولا تغفو في أثناء النهار، فقد حزت قسطًا جيدًا من النوم.

الفصل الثاني

فك شفرة الليالي

من الصعب أن نصبح «أصدقاء» ليالينا إذا لم نكن على دراية إلى حدٍّ ما ببنيتها الإنشائية. هيا بنا في رحلة قصيرة إلى أرض مورفيوس.

أربع مراحل تتكرر

المرحلة الأولى: بداية النوم، الانتقال السلس

يصفر «قطار النوم» ليعلن عن دخوله المحطة: نتثاءب، تصبح أفكارنا مشوشة، جفوننا ثقيلة، أجسامنا مسترخية. هذه هي اللحظة التي نغلق فيها أعيننا، لم نعد نقرأ، لكننا ما زلنا نحمل الكتاب في أيدينا. حتى يصبح النعاس غفوة حقيقية: تسترخي أصابعنا ويسقط الكتاب.

تستغرق هذه المرحلة نحو عشر دقائق.

المرحلة الثانية: النوم الخفيف والبطيء، لكنه ضعيف

في بداية النوم، لا يتطلب الأمر سوى بعض الضوضاء العالية قليلًا، أو أن يشغِّل شخص ما الضوء، لإعادتنا إلى الواقع. فنحن ما زلنا في مرحلة وسيطة بين النوم الخفيف والنوم العميق البطيء. يضعف نشاط الدماغ تدريجيًّا، إذ تتباطأ معظم الأنشطة الفسيولوجية: الجسم مسترخٍ، لكن لا يزال من الممكن أن نشعر ببعض الانزعاجٍ بسبب تشنجات العضلات (التي توقظنا أحيانًا). بعد عشر دقائق أو خمس عشرة دقيقة، نغوص في نوم عميق بطيء.

قصة موجات

يمكن تسجيل موجات الدماغ الكهربائية على سطح الجمجمة عن طريق اختبار يسمى «مخطط كهربية الدماغ». تشير الموجات السريعة - بيتا وغاما - إلى نشاط جسدي و/أو عقلي مكثف. تصاحب موجات ألفا الشهيرة الاسترخاء والراحة. وتشهد موجات دلتا الأبطأ على التباطؤ المعتاد في نشاط الدماغ الذي يشير - يا لها من مصادفة! - إلى النوم العميق البطيء.

المرحلة الثالثة: النوم البطيء العميق، أقصى قدر من الانتعاش

تستغرق هذه المرحلة من ثلاثة أرباع ساعة إلى ساعة. في هذه المرحلة، يتباطأ التنفس مرَّة أخرى، ويكون المخ والعضلات والجسم جميعًا في حالة راحة: حالة من الاسترخاء المهم جدًّا للتخلص من الإرهاق الجسدي، وتجديد جهازنا العصبي وحيويتنا. في أثناء هذه المرحلة أيضًا، يصنع الجسم الأجسام المضادة، ويفرز هرمون النمو، ويسجل الذكريات. من أجل هذا الدور الحيوي، يكون النوم العميق هو السائد في أثناء الليل، خصوصًا خلال أول دورتين، ثم يتناقص قليلًا عندما «يُعاد شحن» الجسم جيدًا. ومن هنا، تأتي السمعة - المخادعة إلى حدٍّ ما (انظر صفحة 51) - أن ساعات النوم قبل منتصف الليل من المفترض أن تُحسب مرتين! في نهاية الليل، يصبح النوم البطيء أخف. وهذا هو السبب في أن صوت دراجة بخارية أو بكاء طفل أو تغريد الطيور يمكن أن يوقظنا.

المرحلة الرابعة: النوم المفارق، مرحلة أساسية للعقل

هذه اللحظة التي ينفصل فيها الجسم عن الدماغ. والواقع أن هذه المرحلة ترتبط على نحو مفارق، ومن هنا جاء اسمها! كما تظهر الخصائص الجسدية للنوم العميق (تباطؤ العضلات، وصعوبة الاستيقاظ)، وعلامات على صحوة الدماغ (حركة العين السريعة للغاية، والتنفس غير المنتظم). يستمر النوم المفارق نحو خمس عشرة دقيقة خلال الدورة الأولى، ويصل إلى الضِّعف بحلول نهاية الليل، عندما ينشَّط باقي الجسم جيدًا. غالبًا ما يرتبط بالأحلام، ويلعب دورًا رئيسيًّا في تصنيف الأفكار والتوازن النفسي وإدارة التوتر. وكدليل على ذلك: إذا حُرمت الحيوانات من النوم المفارق، فإنها تظهر مزيدًا من القلق. أظهرت تجارب أخرى أنه بعد يوم مرهق، تزداد نسبة النوم المفارق في الليلة التالية. غالبًا ما يعاني الأشخاص المصابون بالاكتئاب الشديد اضطرابات في مرحلة النوم المفارق، تعالجها بعض الأدوية. في أثناء هذه المرحلة أيضًا نلاحظ إثارة الأعضاء التناسلية لدى الجنسين من جميع الفئات العمرية، من الأطفال إلى كبار السن.

أضف إلى معلوماتك

الرابعة صباحًا، ساعة الأخطار

في هذه اللحظة، يكون ضغط النوم الأخف في المرحلة الأقوى. تتزامن حقيقة أننا لم ننم ساعات طويلة مع الوقت الذي تكون فيه درجة حرارة الجسم في أدنى مستوياتها، ويكون كثير من وظائف الجسم (ضغط الدم، ومعدل ضربات القلب، وما إلى ذلك) بطيئًا للغاية. تحذير: في هذا الوقت، نسجل أعلى معدل في الحوادث!

الدورات المختلفة

تسعون دقيقة، أفضل وقت!

يتكون نومنا الليلي من سلسلة من الدورات، كلٌّ منها يتكون من المراحل الأربع التي تابعناها للتوّ، ودائمًا ما تتسلسل بالترتيب نفسه: النوم الخفيف البطيء، ثم النوم العميق، ثم المفارق، ثم اليقظة القصيرة، وهكذا دواليك. لدى الشخص البالغ، تستغرق دورة النوم في المتوسط تسعين دقيقة.

كم عدد الدورات الموجودة في كل ليلة؟

يتغير عددها على مدى العمر: منذ الولادة وحتى شهرين تتكون ليلة الطفل من دورتين فقط، ثم ثلاث دورات حتى يبلغ من العمر عامين تقريبًا، لينتهي الأمر إلى أربع دورات لدى البالغين من أصحاب فترات النوم القصيرة، أو ما بين خمس وست دورات لدى الآخرين. بمجرد انتهاء الدورة، تكون هناك بضع دقائق من الكمون تسبق بداية الدورة الجديدة. وعادةً ما تستغرق هذه «النافذة» أقل من دقيقتين، ولا يمكن تذكرها.

نصيحة

الدكتور جوود

المُثلى!

تستغرق كل دورة تسعين دقيقة في المتوسط، اضبط المنبه الخاص بك على مضاعفات التسعين. سيتزامن الرنين مع «بداية مرحلة من مراحل النوم» في نهاية الدورة، وستستيقظ بسهولة أكبر مما لو كنت قد استيقظت من مرحلة نوم عميق. إذا لم يفلح ذلك في المرّة الأولى، فأطل المدة قليلًا في الليلة التالية (بعض الناس لديهم دورات تصل إلى مائة دقيقة، ويستغرقون وقتًا أطول قليلًا حتى يستطيعوا النوم).

تكوين ليلة النوم

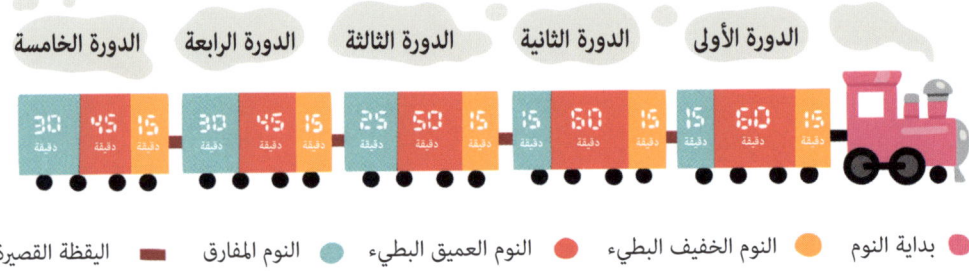

يتغير النوم كلما تقدمنا في العمر

مثل جميع الوظائف الفسيولوجية، يخضع النوم للشيخوخة. يتوافق كل عُمرٍ مع نوعية وكمية مختلفة من النوم.

مفارق للغاية لدى الأطفال

- تصل الحاجة إلى النوم إلى أقصى حد عند الولادة، إذ إنه يساهم في النمو البدني والفكري للرضيع. يُعَد نوم الأطفال الصغار غنيًّا على نحو خاص بالنوم المفارق (نحو ثماني ساعات أو 50% من إجمالي النــوم)، بينما يستغرق ساعتين فقط من نوم البالغين. وهكذا، فهو يدعم المجهود الهائل الذي يكون للتعلُّم. عادةً ما يُضبط إيقاع النهار/الليل بين ثلاثة وستة أشهر. عندما يبلغ الطفل من العمر عامًا واحدًا، يأخذ قيلولتين، ثم قيلولة واحدة عندما يبلغ من العمر ثمانية عشر شهرًا.
- من سن الرابعة، ينام الأطفال بمعدل اثنتي عشرة ساعة، بما في ذلك من ثلاث إلى أربع ساعات من النوم المفارق. ومن ستة أعوام إلى أربعة عشر عامًا، يحتاج الطفل من إحدى عشرة ساعة إلى اثنتي عشرة ساعة من النوم ليكون في حالة جيدة في اليوم التالي.

ينام المراهقون على أقدامهم

في مرحلة المراهقة، تقل الحاجة إلى النوم إلى تسع ساعات في المتوسط، ثم تنخفض تدريجيًّا لتصل إلى سبع ساعات ونصف لدى الشاب البالغ. ومع ذلك، تُظهر الدراسات أن ما يقرب من 30% من الشباب يعانون مشكلات في النوم. فوفقًا لـ«مقياس صحة الشباب» الذي نُشر في عام 2013، على سبيل المثال، يذهب الشباب الذين تتراوح أعمارهم بين خمسة عشر وتسعة عشر عامًا للنوم في المتوسط عند الساعة 11 مساءً تقريبًا، ويستغرقون تسعًا وعشرين دقيقة للنوم، ويستيقظون في الساعة 7:10 صباحًا.

فلا عجب إذن أن يناموا في الفصل! أقر 27% من الطلاب الذين شملهم الاستطلاع لهيم/أوينيون واي لشهر فبراير 2020 بأنهم ينامون أقل من ست ساعات في الليلة. ومع الأسف، أثبتت نتائجهم الملموسة ذلك بالفعل.

يحتاج البالغون أيضًا إلى قيلولة

عند الشباب، يمكن تعويض ليلة بلا نوم في اليومين التاليين، مع نوم أطول وبجودة أفضل. في المقابل، لا يكفي يومان في عطلة نهاية الأسبوع للتعافي من الحرمان المزمن من النوم الذي يتراكم ليلة بعد ليلة. يرتبط نومنا ارتباطًا وثيقًا بحياتنا الاجتماعية: يجب أن يستيقظ الأطفال مبكرًا للمدرسة، ويتأخر العشاء إذا كان الزوج يعمل كثيرًا أو إذا كان يستغرق وقتًا طويلًا في التنقل من العمل إلى المنزل أو إذا كانت الأعمال المنزلية تتراكم مع الوظيفة. في كثير من الأحيان، يجب أن يخضع وقت نومنا إلى هذه القيود. لذا، فإن الأمر متروك لنا لاتخاذ الخيارات الصحيحة التي تتوافق مع فسحة الوقت التي تسمح لنا بها هذه القيود! يمكن أن توفر قيلولة قصيرة من خمس عشرة دقيقة إلى عشرين دقيقة في منتصف اليوم حلًّا منقذًا من هذه المعاناة. فضلًا عن ذلك، في اليابان، يقدِّم كثير من الشركات نصف ساعة ومساحات مخصصة لهذه الاستراحة.

أخبرني يا دكتور جوود

هل النوم متأخرًا أو مبكرًا، مسألة ترتبط أيضًا بالعمر؟

كون معظم الشباب ينامون في وقت متأخر للغاية، فإن ذلك لا يتعلق بحياتهم الاجتماعية فحسب؛ فلا شك أن فارق التوقيت في فترة المراهقة له شق بيولوجي. ولأن الطلاب يضطرون إلى الاستيقاظ مبكرًا، فغالبًا ما ينتهي بهم الأمر إلى الحرمان المزمن من النوم. في المقابل، غالبًا ما ينام الجد في وقت مبكر من الساعة التاسعة مساءً ويستيقظ عند الفجر. تأثير فسيولوجي آخر، معالجته غير مجدية.

ينام كبار السن على «حلقات»

مع تقدم العمر، تظل مدة النوم كما هي بشكل عام، ولكن يتغير توزيعها. ففي الليل، يكون هناك مزيد من النوم الخفيف والنوم الأقل عمقًا. فجأة، يزداد عدد الصحوات ومدتها، ويصبح النوم متقطعًا. هذا تطور طبيعي يحدث غالبًا خصوصًا في أثناء انقطاع الطمث عند النساء. قد تصبح الحاجة إلى قيلولة منتصف النهار ضرورية للبعض. إضافةً إلى ذلك، تتغير الساعة البيولوجية: نصبح صباحيين أكثر كلما تقدمنا في العمر. وإذا أصبح لدينا ألم يشبه الروماتيزم، ونخرج إلى النور بشكل أقل، يمكن أن يتفاقم هذا الميل لنجد أنفسنا خارج التزامن ونقفز من السرير بحلول الساعة الرابعة صباحًا. هذا الاضطراب، الذي يسمى «تقدُّم المرحلة»، ليس مشكلة في حد ذاته، ولكن إذا كان يتسبب في بعض الصعوبات، فيمكن معالجتها وإعادة ضبطها عن طريق تأخير وقت النوم بطريقة تدريجية للغاية.

ماذا عن الأحلام؟

أكثر من ساعة وثلاثين دقيقة من الهلوسة

كل شخص يحلم كل ليلة. لقد تحقق العلماء من هذا عن طريق تسجيل نوم النائمين. وقد سمح لنا الفحص بمعرفة وقت حدوث هذا النشاط «الهلوسي»، الذي يجعلنا نرى أو نسمع أو نشم أشياء غير حقيقية. الخلاصة: كل منا يحلم نحو مائة دقيقة في الليلة. ولكن هذا ليس إلا في المتوسط، إذ يختلف مقدار الوقت الذي يستغرقه الحلم باختلاف العمر: من 45% إلى 65% من إجمالي وقت النوم عند المولود الجديد، ومن 10% إلى 25% فقط عند الشخص البالغ. وكما يثبت هذا «النطاق»، فإن الجرعة تختلف أيضًا من شخص إلى آخر؛ تحلم المرأة أكثر من الرجل، ولكن هذا لا يعني الحصول على قسط وافٍ من النوم.

لماذا لا أتذكر؟

خلافًا للاعتقاد الشائع، لا تحدث كل الرؤى الليلية لدينا في أثناء النوم المفارق؛ واحدة من كل عشر رؤى تحدث خلال الدورة الأولى من النوم البطيء، ولكن تقل فرصة تذكرها عندما نستيقظ. في الواقع، في معظم الأوقات، نعود إلى النوم بسرعة كبيرة. فعندما تخرج من ذراعي مورفيوس بشكل طبيعي في الصباح، في نهاية مرحلة النوم المفارق، من المرجح أن تتذكر أحلامك. بالنسبة إلى أولئك الذين يرغبون في الحفاظ على أثر دائم ومحاولة تفسيره، ينصح المحللون النفسيون بتدوين القصة على الفور.

الكوابيس أمر طبيعي (غالبًا)

لها وظيفة

من منا لم يحلم بالفعل بحلم سيِّئ؟ إن رؤية أنفسنا نفشل في امتحان، أو نفوِّت قطارًا، أو نضيع في المدينة، أو نكون عراة تمامًا في الشارع، كل ذلك يعكس بوجه عام فترة صعبة إلى حدٍّ ما من الناحية النفسية، ومصدرًا للتوتر والقلق سواء كنا واعين لذلك أم لا. يمكن للأحلام غير السارة أن تنبهنا إلى المشاعر التي تزعجنا. وحتى لو بدا أن الحمى أو تناول الأدوية أو الاختلاف في المواعيد، تعزز حدوث الكوابيس، فمن المرجح أن تساهم هذه الكوابيس في توازننا النفسي. فضلًا عن ذلك، فهي شائعة جدًّا عند الأطفال حتى عمر عشر سنوات، ويرى أطباء الأطفال أنها تصاحب نموهم الطبيعي. نصيحتهم: طمئنوا بلطف، من دون قلق.

أحيانًا تكون إشارة إلى عدم التوازن

مع ذلك، فإن بعض الكوابيس تصبح مقلقة بوجه خاص لأنها تتكرر بانتظام، أو مزعجة للغاية إلى درجة أنها تنجح في إيقاظنا. يجب أن يشجع القلق الشديد الذي تشير إليه على الذهاب إلى الاستشارة، لأنه يشهد على اضطراب عميق يمكن لمتخصص محترف أن يساعد على علاجه.

يمكن التخلص منها

عندما ترتبط الكوابيس بضغوط ما بعد الصدمة (حادث، اعتداء، حرب، خسارة، مرض أحد أفراد الأسرة، إلخ)، يرى المتخصصون أن هذا الظهور مرَّة أخرى يعود إلى الوعي بهذه الطريقة ما دمت لم تمتص الصدمة بشكل كامل. إنها الطريقة التي وجدها الدماغ لمحاولة دمج الحلقة. الأدوية ليست فعَّالة جدًّا في هذه الحالة، في حين أن العلاج النفسي المناسب (مثل:

أخبرني يا دكتور جوود

عندما نتحدث في الليل، هل هذا ما نحلم به؟

ليس بالضرورة. يمكننا بالفعل التحدث في أثناء النوم (نعم، نعم، بالفعل، يوجد فعل للإشارة إلى ذلك) من دون أن نحلم. وقد أظهرت الدراسات أنه إذا بدأنا الحديث في أثناء مرحلة من النوم البطيء، فمن المرجح أن نعيد سرد الأحداث من حياتنا اليومية. في المقابل، عند التحدث في أثناء النوم المفارق، فإن الحوارات تثري بالفعل حلمًا يلوح في الأفق.

التنويم المغناطيسي، أو الاستثارة الثنائية لحركة العين) يسمح لنا بتحرير أنفسنا من العبء العاطفي الثقيل، وبالتالي فتح المعلومات التي ظلت «عالقة».

المشي في أثناء النوم، أحد الأنشطة التي تحدث في خضم الحلم

منذ القدم، لطالما فتنت هذه الظاهرة الناس بسبب طبيعتها الغريبة! فكيف يمكننا الجلوس على السرير، والنظر حولنا، وأعيننا مفتوحة على اتساعها لكنها تحدق إلى الفراغ، ثم النهوض والبدء في المشي، مع الحفاظ على هذا الوجه الخالي من التعبيرات تمامًا؟ يمكن للماشي في أثناء النوم التجول في مكان الإقامة أو حتى في الخارج، ونزول الدرج، وأداء الأنشطة المعتادة، والخطيرة في بعض الأحيان، عادةً لمدة عشر دقائق، حتى لو كان ذلك يعني العودة إلى النوم في مكان آخر غير السرير.

هل لنا أن نعرف أصل ظاهرة المشي في أثناء النوم؟

تحدث نوبات المشي في أثناء النوم بصورة خاصة في الجزء الأول من الليل، في أثناء الانتقال من النوم العميق البطيء إلى النوم المفارق الذي يجب أن يتبعه. في هذه اللحظة من النوم غير المستقر، تحدث هذه النوبة بوصفها انفصالًا: يؤدي الشخص بعض الحركات كما لو كان مستيقظًا، بينما يستمر في النوم بعمق. يعاني واحد من كل عشرة أطفال تقريبًا المشيَ في أثناء النوم، وهذه الظاهرة تحدث بوجه عام بين سن ثلاث وسبع سنوات، وربما تعتمد على الاستعداد الوراثي. وهي نادرة للغاية عند البالغين، ومع ذلك يمكن أن تظهر مرَّة أخرى في حالات التوتر أو قلة النوم. إذا أيقظنا الماشي في أثناء النوم في منتصف «حلمه»، فقد يجد نفسه مرتبكًا بعض الشيء ولا يتحكم في ردود أفعاله. أسهل طريقة هي التحدث بهدوء إلى «النائم المستيقظ» بطريقة مطمئنة، وتشجيعه على العودة إلى الفراش.

هل هذا الأمر خطير سيدي الطبيب؟

هل صرير الأسنان في الليل أمر طبيعي؟

ليس حقًّا. غالبًا ما يلاحظ طبيب الأسنان «الأسنانَ البالية بشكل غير طبيعي». وكذلك يفعل الزوج الذي ينزعج من الضوضاء. يرتبط هذا السلوك المسمى بـ«صرير الأسنان» بالانقباض الإيقاعي لعضلات المضغ في أثناء النوم. إنه يتجلى في حالات القلق أو التوتر، ويمكن أن يتسبب في ألم في الفك، وفي الصداع أو حتى الأرق. لتجنب هذا الانزعاج، يقدم أطباء الأسنان غطاءً واقيًا للأسنان، يجب ارتداؤه في الليل فقط.

الفصل الثالث

الآليات الغامضة للنوم واليقظة

عندما نشاهد أطفالنا أو أزواجنا ينامون، نشعر بأن الأمر بسيط للغاية. ومع ذلك، على المستوى الفسيولوجي، تتطلب العملية تعاونَ كثيرٍ من العوامل. يساعد فك رموز مساهماتها في جعلها حلفاء ليالٍ أكثر هدوءًا.

انخفاض درجة حرارة الجسم

ينتقل الجسم إلى وضع الثلاجة

تتغير درجة حرارة أجسامنا مع مرور الوقت. فللنوم السريع والنوم المريح، يجب خفض منظم الحرارة الداخلي. في الواقع، من نحو 37 درجة مئوية خلال النهار، ينخفض مقياس الحرارة بمقدار 1.5 درجة ليصل إلى أدنى مستوياته في نهاية الليل.

لا يحبذ أن يكون الجو حارًا

لكن، إذا كان الجو حارًا جدًّا تحت الغطاء أو في غرفة النوم، فسيحاول الجسم تبريد نفسه عن طريق التعرق، وسيؤدي هذا الجهد إلى اضطراب النوم. الشيء نفسه في الحالة المعاكسة: عندما يكون الجو باردًا جدًّا (أقل من 16 درجة مئوية في الغرفة أو عند استعمال غطاء خفيف جدًّا)، يرتجف الجسم حتى يسخن، وهذا أيضًا يؤثر بالسلب في جودة النوم. أكدت الدراسات أن التعرض للبرد أو الحرارة في أثناء الليل ينتج عنه نوم أقل راحة، إن لم يكن هو السبب في الاستيقاظ أثناء الليل!

> **بالأرقام**
>
> 40% من الفرنسيين يقولون إنهم يشعرون بالانزعاج من درجة الحرارة في أثناء النوم.
> 42% يقولون إنهم قد استيقظوا من قبل في أثناء الليل للسبب نفسه.
> (المصدر: المعهد الوطني للنوم واليقظة/ اليوم العالمي للنوم - «النوم والبيئة» 2013)

لا يحبذ أن يكون الجو باردًا للغاية

لماذا نشعر بالبرد عند طلوع الفجر؟ بكل بساطة لأنه عند الساعة 4.30-5 صباحًا تكون درجة حرارة الجسم في أدنى مستوياتها: نحو 35.5 أو 36 درجة مئوية. يمكن أن يكون ذلك سببًا للاستيقاظ مبكرًا، خصوصًا مع التقدم في العمر. لذلك، من الأفضل توفير غطاء إضافي عند قاعدة السرير أو جوارب على المنضدة بجانب السرير، للنوم براحة أكبر. عندما نستيقظ، ستكون درجة حرارة أجسامنا قد ارتفعت قليلًا بالفعل، ثم ترتفع تدريجيًّا حتى الساعة السادسة مساءً تقريبًا وتصل إلى ذروتها (باستثناء في حالة المجهود البدني الشديد أو المرض المسبب للحمى).

مهرجان النواقل العصبية

ما الناقل العصبي بالضبط؟

نطلق مصطلح الناقل العصبي على جزيء كيميائي تصنعه الخلايا العصبية، يتمثل دوره في نقل المعلومات إلى خلية عصبية أخرى، عبر المسافة بين هاتين الخليتين العصبيتين، التي تسمى «المشبك العصبي». وهكذا، فإن بعض النواقل العصبية تنشط الوظائف، على سبيل المثال، الأدرينالين، الذي يُفرز استجابة لحالة من التوتر، ويؤدي إلى تسريع حركة القلب، واتساع في الشعب الهوائية وحدقتي العين. والبعض الآخر، على العكس من ذلك، سوف يثبط ردود الفعل، مثل حمض جاما أمينوبوتيريك الذي يقلل من الخوف والقلق. هناك العشرات من النواقل العصبية، يشارك كثير منها بشكل أو بآخر في النوم. إن الأسيتيل كولين هو الذي يجعلنا ندخل في مرحلة النوم المفارق، والغلوتامات الذي يشل عضلاتنا خلال هذه المرحلة. ولكن هناك جزيئات أخرى أكثر أهمية من أجل الحصول على ليالٍ هادئة.

ما مهمة النواقل العصبية؟

يملأ الأدينوزين سلة تاجر الرمال

طوال اليوم، مجرد الاستيقاظ يؤدي إلى إنتاج الأدينوزين. عن طريق التراكم في الدماغ، مع مرور الوقت، يزيد الأدينوزين من «ضغط النوم» مثل ملء الساعة الرملية، حتى نصل إلى مستوى كافٍ يجعلنا نتلهف إلى النوم في الليل. يؤدي تراكم الأدينوزين إلى النعاس. ولمقاومة ذلك نستهلك الكافيين، لأنه يمنع عمل الأدينوزين في دوائر النوم في الدماغ.

يُعِدُّنا السيروتونين لغلق الستار

مادة أخرى تسبب النوم هي مادة السيروتونين، التي تفرز في وقت متأخر من بعد الظهر. هذا الناقل العصبي له خصائص تساعد على الهدوء والاسترخاء وتؤدي إلى الاستسلام، بشرط ألا تتدخل في عمله المستويات العالية جدًّا من هرمون التوتر الكورتيزول!

النورادرينالين والدوبامين يجعلانا نقفز من السرير

في الصباح، تُنظَّم اليقظة أيضًا من خلال كثير من النواقل العصبية، التي يؤدي إنتاجها إلى توقف عمل مراكز النوم تدريجيًّا. ويتعلق الأمر هنا أساسًا بالنورادرينالين والدوبامين، الناقلين العصبيين لليقظة والحيوية.

الساعة البيولوجية هي التي تدير وتسيطر

منبه مخبأ في الدماغ

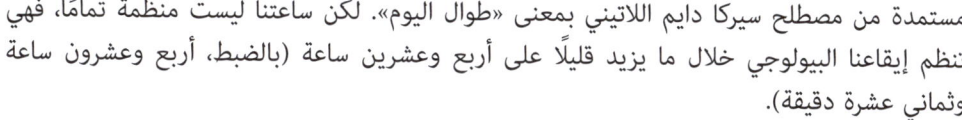

لدى كل كائن حي ساعة داخلية تتحكم في تعاقب فترات النشاط وفترات النوم، مخبأة في قلب دماغنا. هذه الشبكة من الخلايا العصبية هي التي يملأ إيقاعها الدوري أجسامنا ليلًا ونهارًا، وبالتالي تنظم كثيرًا من وظائف الجسم. يسميها العلماء «الساعة اليومية»، وهي مستمدة من مصطلح سيركا دايم اللاتيني بمعنى «طوال اليوم». لكن ساعتنا ليست منظمة تمامًا، فهي تنظم إيقاعنا البيولوجي خلال ما يزيد قليلًا على أربع وعشرين ساعة (بالضبط، أربع وعشرون ساعة وثماني عشرة دقيقة).

كيف تُضبط؟

نظرًا إلى أن عقارب ساعتنا البيولوجية لها دورة تلقائية تزيد على أربع وعشرين ساعة، فمن الضروري إجراء إعادة ضبط يومية. يحدث هذا من خلال الإشارات التي ترسلها بيئتنا إلينا.

بفضل ضوء النهار أولًا

تستشعر المستقبلات الضوئية في شبكية العين شدة الضوء وتبلغ ساعتنا من خلال العصب البصري. هذا هو السبب في أهمية التعرض للضوء الطبيعي، في الخارج أو بالقرب من النافذة، حتى ننام جيدًا في الليل.

تساعد وتيرة أنشطتنا أيضًا على استقرار حياتنا

ساعات العمل، الطفل الذي يجب أن يذهب إلى المدرسة، الاجتماعات، إلخ. يضطر نومنا إلى التكيف مع هذه الالتزامات، لذلك لا يحصل الغالبية منا على قسط كافٍ من النوم خلال الأسبوع. لكن التنظيم المعتاد

لحياتنا يخدم أيضًا كمؤشرات ثمينة، بحيث تحافظ ساعتنا على الإيقاع الصحيح. الروتين، الذي يضايقنا أحيانًا، يساعدها على أداء وظيفتها!

بالأحرى، هل في المساء أم في الصباح؟

ليس لدينا جميعًا الساعة البيولوجية نفسها على وجه الدقة. هذا هو السبب في وجود أصحاب فترات النوم الطويلة، وأصحاب فترات النوم القصيرة، البوم الليلي والمستيقظين مبكرًا. لا يصل البعض إلى غرفهم أبدًا قبل الساعة الواحدة صباحًا، والبعض الآخر ينام في الفراش بحلول الساعة التاسعة مساءً. يمثل هذان الطرفان المتطرفان نحو 6% من السكان. لكن لدى الآخرين أيضًا جداول مميزة للاستيقاظ والنوم، تجعلهم في حالة أفضل في المساء أو في الصباح. تقدر الدراسات المعملية أن نحو 25% منا لديهم ساعة بيولوجية أقصر (أقل من أربع وعشرين ساعة!)، مما يشجع على الخلود إلى النوم والاستيقاظ مبكرًا.

كيف أعرف إيقاعي؟

عليك فقط أن تراقب كمَّ الوقت الذي تقضيه في النوم عندما لا تكون ملتزمًا بأي قيود. لاحظ الوقت الذي بدأت فيه التثاؤب، وفي أي ساعة بالفعل، ولمدة كم ساعة تمكنت من النوم في هدوء على الرغم من أنك وعدت نفسك بأن تنام لمدة اثنتي عشرة ساعة متواصلة. على أي حال، فإن محاولة الاتكال على شريك حياتنا عندما لا يكون ذلك من طبيعتنا، ليست فكرة رائعة، فكل شخص لديه إيقاعه، ولديه وتيرة نومه.

اضطراب الرحلات الجوية الطويلة والعمل الليلي يكسران ساعتنا

أفضل طريقة لإدارة السفر الجوي

تؤدي إطالة مدة الأربع والعشرين ساعة أو تقصيرها عن طريق عبور المناطق الزمنية بأقصى سرعة إلى حدوث ارتباك في ميكانيكياتنا الداخلية الجميلة. يكون الانزعاج أكبر عند الانتقال شرقًا، فهو يقصر اليوم، ويصعب النوم عدة ساعات مبكرًا عندما لا نكون متعبين بعدُ. وليس من الصعب إجبار المرء على البقاء مستيقظًا لوقت متأخر، حتى لو شعر بالانهيار.

للحد من العواقب: يتكيف الجسم بسهولة تامة مع فرق الساعة (كما هي الحال في أثناء الانتقال من وقت الصيف إلى وقت الشتاء). في المقابل، من ثلاث مناطق زمنية، يُنصح بالبدء تدريجيًّا في الاقتراب من الجداول الزمنية لبلد الوصول قبل أيام قليلة من المغادرة. إذا كنا ذاهبين إلى الشرق، فسنحتاج إلى البدء في الاستيقاظ مبكرًا، وتقديم وقت وجباتنا ووقت نومنا. وعكس المناورة للرحلة غربًا، وتأخير ساعتنا تدريجيًّا. ويمكن أن يساعد تناول الميلاتونين أيضًا على ذلك.

هضم أفضل للعمل المعدل مواعيده أو المتأخر

يُعَد العمل في الليل والنوم في النهار أمرًا غير طبيعي، فساعات العمل غير المعتادة تكون مربكة عادةً للجسم، والعمل المتناوب مربك أيضًا، حيث يغير بانتظام جميع المعايير (النوع 3×8، تقسيم الجداول الزمنية اللازمة للعمل على مدى أربع وعشرين ساعة في اليوم، الذي قد يعني أحيانًا النهار، وأحيانًا

الليل). إن تغيير الإيقاع البيولوجي بهذه الطريقة لا يخلو من مخاطر على الصحة. هذا يغير بوجه خاص بنية النوم، الذي يصبح أقل راحة. للحد من العواقب: من الأفضل، إن أمكن، تغيير الساعات كل يومين أو ثلاثة أيام، من دون إعطاء الجسم الوقت للخروج من المرحلة.

أخبرني يا دكتور جوود

هل صحيح أن نوم النساء أكثر هشاشة؟

مع الأسف، نعم. عادةً ما يكون وقت نوم النساء أطول من وقت نوم الرجال (عشر دقائق)، ولكنه أقل جودة. وحتى يطمئن الجميع، فإن ذلك يتحسن مع العمر! أظهر باحثون هولنديون (مجلة النوم، 2009) أن النساء الأكبر سنًّا ينمن بشكل أفضل من الرجال الأكبر سنًّا، حتى اللاتي يشكين من العكس.

ثلاثة هرمونات يجب متابعتها

يحفز الميلاتونين الرغبة في النوم

تنظِّم ساعتنا البيولوجية الإفراز الدوري للهرمونات، وعلى وجه الخصوص، الميلاتونين، الذي يثبط تأثيره في وجود الضوء، وتنشيطه عندما يحل الظلام. يبدأ إنتاجه في نحو الساعة التاسعة مساءً، ويبلغ ذروته بين الساعة الثانية صباحًا والخامسة صباحًا، ويتوقف في الساعة السابعة والنصف صباحًا، ومن هنا أُطلق عليه اسم «هرمون النوم». في الواقع، من خلال إفراز الميلاتونين، تخبر الغدة الصنوبرية الدماغ بأنه حل الظلام وأن الوقت قد حان للنوم. هذا هو السبب في أن وصف الميلاتونين يمكن أن يساعد بوجه خاص على تغيير المرحلة (اضطراب الرحلات الجوية الطويلة، كبار السن)، وإلا فيكفي تعريض أنفسنا لضوء النهار وتجنب الإضاءة القوية (المصباح السقفي) بعد حلول الظلام.

إذا هرب الإستروجين هرب النوم

وفقًا لجمعية سن اليأس الفرنسية، فإن ثلاثًا من كل عشر نساء يعانين اضطرابات النوم في أثناء انقطاع الطمث، ليس فقط عندما تجبرهن الهبات الساخنة على تغيير الملاءات في منتصف الليل، وليس فقط لأن النوم يصبح أخف مع تقدم العمر. يمكن أن يكون وقف إفراز هرمون الإستروجين كافيًا ليؤثر بالسلب في الليالي. في الواقع، تميل هذه الهرمونات الأنثوية إلى زيادة وقت النوم وجودته. كدليل: بعض النساء يعانين أيضًا بسبب فترات من الأرق في أثناء الحيض، عندما تنخفض الهرمونات فجأة!

كثير من الكورتيزول في الليل

تفرز الغدة الكظرية الكورتيزول، وهو يؤدي الدور المعاكس للميلاتونين. يحفزه ضوء النهار، ويكون معدله أعلى في الصباح، حتى نبدأ في العمل والحركة. ثم عادةً، ينخفض تدريجيًّا في أثناء النهار ليصل إلى أدنى نقطة له في المساء، عندما يبدأ الميلاتونين في الارتفاع. إن التوازن بين هذين الهرمونين هو الذي ينظم تناوب اليقظة/النعاس. لسوء الحظ، التوتر يحفز إنتاج الكورتيزول، شأنه في ذلك شأن ضوء الشاشات. لذلك، يجب تجنبه قبل الذهاب إلى الفراش.

الاحتفاظ بدفتر لتدوين ملاحظات النوم، أمر مهم للغاية

بناءً على ذلك، ستفهمون أن معرفة آليات النوم جيدًا تتيح لكم التصرف وفقًا لما يمكن أن يؤثر بشكل خاطئ. وستعرفون مزيدًا من التفاصيل عن نومكم. وهنا تكمن أهمية دفتر الملاحظات الذي تحتفظون به. لا يساعدكم هذا الدفتر على معرفة مكانكم بالضبط والتحقق مما إذا كانت هناك مشكلة حقيقية فحسب، لكنه يساعدكم أيضًا على التشخيص والحكم على التحسن الناتج عن التدابير المتخذة.

دفتر اليقظة والنوم

التاريخ	الساعات	التقدير بـ: جيد جدًا - جيد - متوسط - سيِّئ - سيِّئ جدًا			
الليلة من ... إلى ...	20 21 22 23 24 1 2 3 4 5 6 7 8 9 10 11 12 13 14 15 16 17 18 19 20	جودة النوم	جودة الاستيقاظ	شكل اليوم	مدة النوم
مثال	↓ ... ↑	متوسط	سيِّئ جدًا	متوسط	

الصباح

- اكتبوا الوقت الذي ذهبتم فيه إلى الفراش باستخدام سهم لأسفل (حتى لو كان للقراءة).
- ضعوا سهمًا لأعلى للإشارة إلى وقت استيقاظكم، سواء في الليل أو في الصباح.
- اقطعوا المنطقة التي تتوافق مع نومكم، وقاطعوا الخطوط بفراغ إذا كنتم مستيقظين لفترة كافية في منتصف الليل.
- حددوا جودة استيقاظكم (جيد جدًّا، جيد، متوسط، سيِّئ، سيِّئ جدًّا).
- لاحظوا ما إذا كنتم قد تناولتم أي دواء، أو ما إذا كان حدث ما قد يتعارض مع نومكم (الرياضة في المساء، والألم، والحمى، والضوضاء من الجيران، وما إلى ذلك).

المساء

- أشيروا إذا ما كنتم قد أخذتم قيلولة بمنطقة مظللة.
- اكتبوا حرف «ن» إذا كانت لديكم لحظات من النعاس.
- اكتبوا إجمالي وقت النوم في الهامش.

الفصل الرابع

الذهاب لاستشارة الطبيب

هل لياليكم تتحول إلى كابوس؟ هل تجرون أنفسكم طوال اليوم مثل أرواح ضائعة، وتكون لديكم رغبة شديدة في النوم بمجرد أن تجلسوا حتى لو في لحظات غير مناسبة؟ ما يحدث سرعان ما يصبح عادة. هنا، لا يجب علينا الانتظار، وإنما يجب علينا التوجه إلى عيادة الطبيب.

مَن الشخص الذي نحتاج إلى الذهاب لرؤيته؟

لنذهب إلى عيادة الطبيب المعالج

يجب علينا الذهاب إلى الطبيب المشار إليه، إذا كنا بالفعل نريد أن نُعالج بشكل صحيح. وهو بدوره، سيحولنا إلى زميل له إذا رأى أنه يجب إجراء مزيد من الأبحاث. وهذا الطبيب المعالِج سيوفر لنا الوقت من خلال تزويدنا بخطاب تعريف وتوجيه إلى المتخصص المناسب. يأتي الأطباء المتخصصون في النوم من مختلف المناحي (الممارس العام، وعالم النفس، وأخصائي أمراض الرئة والأنف والأذن والحنجرة، وطبيب الأعصاب)، وقد يُشار إليهم بشكل أو بآخر اعتمادًا على أعراضنا.

في مراكز للنوم، أحيانًا

تجمع هذه المراكز فرقًا من الخبراء لتشخيص اضطرابات النوم واليقظة وعلاجها. يوجد نحو خمسين مركزًا للنوم في فرنسا (يمكننا الاطلاع على ذلك على الموقع التالي: www.sante.gouv.fr). تقدم أيضًا معظم المستشفيات استشارات خاصة بالنوم داخل قسم طب الأعصاب.

أي من الاختبارات، تُعَد مفيدة؟

غالبًا ما تكون الاستشارة كافية في حالة الأرق

في معظم الحالات، تكون المقابلة مع الطبيب العام، والاحتفاظ بدفتر للنوم (انظر صفحة 26)، كافيين لتحديد عوامل المشكلة، والخطوات التي يجب اتخاذها للحصول على نوم عميق.

تسجيل النوم للذهاب إلى أبعد من ذلك

نادرًا ما تُجرى رقابة دقيقة للنوم في حالات الأرق البسيط، لكن الاختبار يكون ذا قيمة عندما يشتبه الطبيب في وجود مشكلات أخرى، بما في ذلك الحركات غير الطبيعية في الساقين، أو توقف التنفس.

ما الذي يظهره ذلك؟

ليلة واحدة تكفي لإعطاء صورة دقيقة عن نومنا: مراحله المختلفة، وحركات العين، وتوتر العضلات، والتنفس، والوضع في السرير، إلخ. تتيح هذه البيانات إمكانية التقييم الموضوعي لجودة النوم.

في المركز أو في البيت

بفضل تصغير الأجهزة، لم يعد التسجيل مطلوبًا في المستشفيات، ويكون أداؤه بشكل متزايد حاليًا في المنزل. ومع ذلك، يجب دائمًا تثبيت المستشعرات في المختبر. توصَّل الأقطاب الكهربائية بجهاز تسجيل صغير (غالبًا ما يُعلق بالخصر)، وتسجل هذه الأقطاب التنفس، والحصول على الأكسجين، والشخير، والوضع في السرير. يسمح هذا بإجراء التقييم في ظروف أقرب إلى الواقع اليومي. ولكن، تكون هذه البيانات غير كاملة، فالاختبار لا يتحقق من الحركات الليلية أو من تكوين النوم.

هل الحبوب المنومة مفيدة؟

عدد لا يحصى من الأدوية

تنتمي غالبية المنومات إلى عائلة البنزوديازيبين، التي تعمل على الجهاز العصبي المركزي. يمكن التعرف عليها لأن جزيئاتها تنتهي عمومًا بـ«ام»، مثل: النترازيبام في موجادون أر، والتيمازيبام في نورميسون أر، واللوبرازولام في هافلين أر، إلخ.

تعمل الأدوية الأخرى بالآلية نفسها، لكنها أحدث: مشتقة من الزولبيديم (ستيلنوكس أر، والأدوية المشابهة)، وتحترم هذه الأدوية بنية النوم بشكل أفضل، بما في ذلك النوم العميق والنوم المفارق.

تسبب مضادات الهيستامين، التي تشتهر بفعاليتها ضد الحساسية، النعاسَ. وتُستخدم أحيانًا لعلاج اضطرابات النوم (دونورميل أر، ونوبرون أر).

بعض مضادات الاكتئاب مهدئة أيضًا، ويمكن وصفها بجرعات صغيرة لمواجهة الأرق (أثيميل أر، ولاروكسيل أر، وكيتاكسون أر).

أخيرًا، عقار السيركدين أر المستخلص من الميلاتونين، مخصص للأشخاص الذين تزيد أعمارهم على خمسة وخمسين عامًا. بينما عقار آخر يسمى «سلينيتو أر» وهو مستخلص أيضًا من الميلاتونين لكنه ممتد المفعول، مخصص للأطفال الذين يعانون اضطرابات طيف التوحد.

وصفة طبية لكل حالة على حدة

في حالة مواجهة صعوبة في النوم

سيختار الطبيب منومًا يعمل لساعات قليلة، وله أعراض جانبية قليلة، مثل: ستيلنوكس أر، أو إيموفان أر.

في حالة الاستيقاظ عدة مرَّات في أثناء الليل

سيصف الممارس البنزوديازيبين الذي يستمر لفترة أطول (نورميسون أر).

في حالة مواجهة الاستيقاظ قبل الفجر

سيتحقق الأخصائي مما إذا كان ذلك علامة على الاكتئاب. غالبًا ما تتحول الوصفة الطبية إلى الأدوية المضادة للاكتئاب بجرعات صغيرة، مما يؤدي إلى تحسين كلا الاضطرابين في الوقت نفسه. على أي حال، يجب ألا يشعر النائم بأنه مشوش عند الاستيقاظ.

لا يجب تناول الأدوية على المدى الطويل

سنعتاد على ذلك

تسبب البنزوديازيبينات الإدمان بمنتهى السرعة. بعد عشرة أيام أو خمسة عشر يومًا، يعتاد الجسم هذه الأدوية، ويجب زيادة الجرعات للحفاظ على الفائدة نفسها، غير أن آثارها الجانبية تتزايد بالتوازي. خلال صيف عام 2014، أشارت الهيئة العليا للصحة إلى «ضعف فعاليتها» في مدة النوم عند تناولها «على مدى فترة طويلة» إلى جانب «آثارها الضارة».

بالأرقام

4 ملايين فرنسي تقريبًا يكون أول رد فعل لهم هو اللجوء إلى ما يسمى بـ«الأدوية المنومة».

35% هي النسبة المئوية للحالات التي تتجاوز فيها مدة الوصفات التوصيات.

أخبرني يا دكتور جوود

هل صحيح أن الحبوب المنومة تسبب ضعفًا في جودة النوم؟

هذا ينطبق بوجه خاص على عائلة البنزوديازيبين. تعمل هذه الأدوية كـ«مضادات لليقظة»، لكن النوم الذي تحفزه ليس طبيعيًا على الإطلاق: أحيانًا ما يختفي النوم العميق البطيء تمامًا، كما تقل مرحلة النوم المفارق ويحل النوم الخفيف محل الأرق. في نهاية المطاف، لا تصبح الليالي مريحة على الإطلاق.

أخبرني
يا دكتور
جوود

هل الحبوب المنومة تعزز حدوث مرض الزهايمر؟

في وقت مبكر من عام 2002، حذَّر المعهد الوطني للصحة والبحوث الطبية من هذه النقطة. وفي نهاية عام 2011، دقَّت مجموعة باكويد، وهي مجموعة تُجري دراسات عن الشيخوخة تحت إشراف جامعة بوردو، ناقوس الخطر مرَّة أخرى. وقد أشار كثير من الدراسات الحديثة إلى هذه النقطة مجددًا: إن استخدام البنزوديازيبينات (المهدئات والحبوب المنومة) لأكثر من ثلاثة أشهر يزيد من خطر الإصابة بالخرف المرتبط بمرض الزهايمر بنسبة تصل إلى 50%.

لها آثار غير مرغوب فيها

النعاس والشعور بالتعب في أثناء النهار، وصعوبة التركيز، ومشكلات الذاكرة. استخدامها على المدى الطويل يجلب المخاطر أكثر من الفوائد.

تؤدي إلى الإدمان والتبعية

تستقر لمدة أسابيع قليلة، خصوصًا أن الجسم يستغرق وقتًا طويلًا للتخلص من هذه الجزيئات. يمكن أن نتناولها لبضعة أيام للتغلب على إرهاق السفر الطويل، أو الحزن، أو الإجهاد الشديد، ولكن بعد ذلك، لا يقتصر الأمر على أن الدواء لم يعد له أي تأثير في الأعراض فحسب، بل قد تظهر متلازمة الانسحاب، مما يسبب الشعور بالضيق والأرق.

كيف نتعلم الاستغناء عنها؟

سواء كنا نتناول الحبوب المنومة لمدة شهر أو لمدة عشر سنوات، سيكون من الخطر إيقافها بين عشية وضحاها من دون أخذ الاحتياطات اللازمة.

المُضي قُدمًا على مراحل

يجب تقليل الجرعات تدريجيًّا، لضمان انسحاب سلس، ولتجنب عودة الأرق. تُقلل الجرعة اليومية أولًا بشكل طفيف جدًّا، ثم مرَّة أخرى لمدة تصل إلى أسبوع أو أسبوعين، وهكذا حتى يقتصر الأمر على تناول حبة دواء واحدة، ثم يُفصَل بين تواتر الجرعات: كل يومين، ثم ثلاث مرَّات فقط في الأسبوع، إلخ. حتى التوقف التام.

سلوك نهج أكثر مرونة

سواء مع الأدوية العشبية أو المعالجة المثلية، فإن تأثير هذه الوسائل - مهما كان مصدرها - سيسهل مرحلة الانسحاب والاستعداد لما بعد ذلك.

إيجاد طقس أو عادة أخرى

يسود الاعتماد النفسي بين «مدمني الحبوب المنومة». يعتقدون أنهم لم يعد بإمكانهم الاستغناء عنها، ويقولون لأنفسهم، بشكل أو بآخر بوعي: «من دون حبوب، لن أتمكن من النوم». في الواقع، إن الأمر هنا ليس سوى رد فعل مشروط. يلجأ بعض الأطباء إلى حيلة لإقناع مرضاهم: يصفون

الحبوب المنومة لمرضاهم لمدة أسبوعين، بشرط أن يوافقوا على الشراء من الصيدلية، في الوقت نفسه، خمس عشرة حبة محايدة ذات المظهر نفسه ولا تحتوي على أي مادة فعَّالة، ثم يتعهد المريض بخلط جميع الحبوب، حتى يجهل في المساء ما إذا كان يبتلع الدواء الحقيقي أو المزيف. النتيجة: خلال شهر، لا يستطيع المرضى تحديد أي الليالي التي استعملوا فيها الحبوب المنومة، وأي الليالي التي كانت خالية منها!

> **نصيحة الدكتور جوود المُثلى!**
>
> يمكن أن تساعد الحبوب المنومة، لكن في لحظة بعينها، وليس لفترة طويلة.

لا داعي للقلق

يمكن أن يكون التخلي عن أي عادة مصدرًا للقلق. وهذا صحيح بشكل خاص إذا كان النوم في البداية مضطربًا بسبب صعوبات نفسية. ويجب ألا نتردد في طلب مرافقة قصيرة (العلاج السلوكي) أو طلب الدعم من التخصصات المهدئة، مثل: الاسترخاء، أو الجمباز الخفيف، أو تاي تشي، أو تشي كونغ، أو اليوجا.

الوصفة الصحية

هأنتم تعرفون كل شيء تقريبًا عن النوم. قبل الانتقال إلى التدريب العملي، تعالوا نلقِ نظرة على النقاط الست الرئيسية التي يجب تذكرها.

1. **مشكلات النوم تزداد لدينا سوءًا**: ننام أقل فأقل، وغالبًا «لا نضع ذلك في حسباننا». نفقد في المتوسط ستين إلى تسعين دقيقة في الليلة.

2. **لسنا متساوين عندما يتعلق الأمر بالنوم**: في المساء أو في الصباح، إما من أصحاب فترات النوم الطويلة وإما من أصحاب فترات النوم القصيرة. غير أن الجهات الصحية توصي بأن ننام على الأقل سبع ساعات وأربع عشرة دقيقة في الليلة، حتى نكون بحالة جيدة في الصباح.

3. **تؤثر قلة الراحة سلبيًا في الصحة**: يؤدي عدم الحصول على قسط كافٍ من النوم إلى زيادة مخاطر الإصابة بالسمنة، ومرض السكر من النوع الثاني، وارتفاع ضغط الدم، ومشكلات القلب.

4. **أحيانًا يوجد مرض حقيقي** (توقف التنفس في أثناء النوم، أو متلازمة تململ الساقين، إلخ): يتطلب استشارة طبية، ويكون اكتشاف هذا المرض من خلال فحوصات واختبارات خاصة.

5. **تسير ليالينا وفقًا لسيناريو ثابت**: حيث تسير بدورات إيقاع دقيقة تتكون من نوم خفيف وعميق، ثم نوم مفارق، ولكل مرحلة دورها المحدد الذي تلعبه.

6. **واحد من كل ثمانية فرنسيين يتناول الحبوب المنومة**: مع ذلك، لقضاء ليالٍ مريحة، من الأفضل عدم التمسك بهذه الأدوية وتفضيل الحلول الطبيعية الأخرى. حتى لو كان ذلك يعني تثقيف طبيبنا قليلًا حتى يتخلى أيضًا عن التفكير في «أي دواء».

الجزء الثاني

تدريبات الدكتور جوود!

بعد النظرية التي جعلتنا نزور كواليس ليالينا، دعونا ننتقل إلى التدريبات العملية. في هذا الصدد، يمكن للجميع العثور على الإجراءات الروتينية والمساعدات والنصائح التي يجب وضعها في مكانها من الصباح إلى المساء. في الواقع، يجهل الكثير من الناس هذه الحقيقة: تبنى الليالي على مدى الأربع والعشرين ساعة!

الفصل الأول

النهوض مثل «الزهرة» في الصباح

لا يمكن الاستعداد لقضاء ليلة جيدة بشكل ارتجالي بعد الساعة السادسة مساءً. يُعَد الاستيقاظ بعد قسط كافٍ من النوم أمرًا مهمًّا، لا لنكون في حالة جيدة طوال اليوم فحسب، وإنما أيضًا طريقة للعثور على مفاتيح النوم.

الاستيقاظ وفقًا للأعراف الصحيحة

نعم، بدءًا من الدقائق الأولى في النهار، تتحدَّد جودة الليلة التالية! هل تواجه صعوبة في النهوض من السرير في الصباح؟ يمكنك تدبُّر هذا الأمر.

تجنُّب صدمة جرس المنبه

يقفز البعض من السرير بلا صعوبة، بمجرد أن يبدأ المنبه في الرنين. لكن هذه ليست الحالة الأكثر شيوعًا إلى حدٍّ بعيد. بالنسبة إلى النائم المنغمس في حلم أو في نوم عميق، عادةً ما يستغرق الأمر دقائق طويلة قبل العودة إلى الواقع. والضغط الناجم عن الرنين الحاد ليس الطريقة الأكثر إمتاعًا لبدء يوم جديد. لذا، ينصح المتخصصون جميعًا بمحاولة الاستيقاظ بطريقة طبيعية، بمجرد أن نرتاح بما فيه الكفاية.

نصيحة الدكتور جوود المُثلى!

جربوا الذهاب إلى الفراش قبل ربع ساعة من المعتاد لمعرفة ما إذا كنتم لا تزالون في حاجة إلى منبه للاستيقاظ. إذا كان الأمر كذلك، فاذهبوا إلى الفراش قبل ربع ساعة من اليوم التالي، إلخ. حتى تجدوا اللحظة التي تستيقظون فيها منتعشين ومرتاحين من دون رنين. كل ما عليكم فعله هو تنظيم أنفسكم لاحترام هذا الجدول الزمني.

نسيان زر الغفوة

الساهرون في الليل كثيرون، وأقل منهم عددًا المستيقظون في الصباح، والأكثر ندرة من ينامون ملء جفونهم حينما تقتضي منهم واجبات الحياة اليقظة وترك الغفلة. وغالبًا ما يستسلم هؤلاء الأشخاص لإغراء تأجيل اللحظة المصيرية باستخدام زر الغفوة الشهير الذي يوفر بضع دقائق من النوم الدافئ تحت الغطاء. وهذه الوظيفة يجب نسيانها وفقًا للخبراء، لأنه خلال هذا الوقت الإضافي الذي نسمح به لأنفسنا، لن تكون جودة النوم في القمة، ونحن نخاطر بهذا الشكل بالاستيقاظ في وقت من الممكن أن يكون أقل ملاءمة بكثير.

حل أمثل للاستيقاظ

طريقة أخرى طبيعية للاستيقاظ من النوم وتجنب الاستيقاظ فجأة: جهاز محاكاة الفجر الذي يحاكي شروق الشمس. هناك كثير من الموديلات، من الأبسط (35 يورو تقريبًا) إلى الأكثر تطورًا (من 100 إلى 200 يورو). قد يكون من المفيد الاستثمار في جهاز ينشر ألوانًا جميلة تميل إلى الأحمر والأصفر، قبل أن تتعرضوا للضوء الطبيعي من خلال فتح الستائر على مصراعيها في يوم مشرق.

النوم في الصباح لوقت متأخر

محاولة تعويض النوم المفقود في عطلة نهاية الأسبوع ممارسة شائعة للغاية. ومع ذلك، فهي تُعَد استراتيجية قصيرة المدى. من الأفضل أن تعتادوا الذهابَ إلى الفراش والاستيقاظ في وقت محدد تقريبًا كل يوم، بما في ذلك عطلة نهاية الأسبوع، وحتى إذا كنتم قد أمضيتم ليلة سيئة بالأمس. قد يبدو الأمر قاسيًا، لكن ساعتكم البيولوجية الداخلية ستشكركم، لأنها تحتاج إلى إيقاع ثابت للحياة حتى تحقق التزامن الصحيح. إضافةً إلى ذلك، فقد ثبت أن الاستيقاظ والنوم في أوقات متغيرة للغاية يزيدان أيضًا من مخاطر الإصابة بأمراض القلب والأوعية الدموية. هذه العادة هي أكثر أهمية بالنسبة إلى تشخيص حالات الأرق (**التشخيص الأول**). قبل كل شيء، من خلال الاستيقاظ في وقت محدد، نعيد ضبط نومنا. في الواقع، من الممكن دائمًا أن تستيقظوا، ولكن من الصعب إجبار أجسامكم على النوم في وقت محدد سابقًا! هذه حقيقة لا يجب نسيانها، خصوصًا بالنسبة إلى الأشخاص الذين يعملون لفترات متأخرة أو لساعات متغيرة أو لهؤلاء الذين يعبرون منطقة زمنية بشكل اضطراري.

التغذية «صفر» بسبب عدم وجود وجبة الإفطار

في النسخة الأنجلوساكسونية

المبدأ: لا تكتفوا بالمعجنات أو زبدة الخبز/المربى لديكم في المنزل، ولكن تبنوا أيضًا العادات الأنجلوساكسونية. في الواقع، من أجل تعزيز تنظيم إيقاع الساعة البيولوجية دائمًا، يوصَى بشدة بتناول الأطعمة التي تُعَد من طلائع الدوبامين، الناقل العصبي لليقظة في الصباح. ومع ذلك، يتكون الدوبامين

في أجسامنا من التيروزين، وهذا الحمض الأميني وفير بوجه خاص في البروتينات. إذن، في قائمة الطعام، يجب وضع: الحليب، والبيض، والجبن، والزبدة، والمكسرات، وحتى الدجاج أو السمك البارد، كما هي الحال في الدول الاسكندنافية.

التفكير في الترطيب

يجري تنظيم مستوى ترطيب الجسم عن طريق إفراز هرمون الفازوبريسين. وفي أثناء النوم، تقل كمية الفازوبريسين فلا نضطر إلى الاستيقاظ ليلًا. وكذلك، يجري تحفيز إعادة امتصاص الماء في الكلى، مما يقلل من إنتاج البول إلى النصف في الليل. ولكن في الليل، يجف جسمنا قليلًا، كما يتضح من اللون الداكن للبول الأكثر تركيزًا عند الاستيقاظ في الصباح. ومن هنا جاء رد الفعل الذي يجب أن نتبناه: شرب كوب كامل من الماء بمجرد الاستيقاظ يساعد الجسم أيضًا على الاستيقاظ.

المعالجة المثلية للممارسين

يمكن أن تساعد المعالجة المثلية على حل مشكلات النوم. يجب أن يؤخذ العلاج عند الاستيقاظ في الصباح وعند النوم، ثلاث حبيبات في كل مرَّة. للعمل بطريقة صحيحة، اسكبوا الكرات الصغيرة في الغطاء المقدم لهذا الغرض (أمسكوا الأنبوب مقلوبًا)، ثم مباشرة إلى الفم، واتركوها تذوب ببطء تحت اللسان. إذا كنتم غير متأكدين من العلاج الصحيح، فليست هناك مشكلة في ابتلاع أكثر من دواء في الوقت نفسه. لكن يجب امتصاص هذه الحبيبات قبل خمس عشرة دقيقة من تناول الطعام أو شرب القهوة أو إشعال السيجارة الأولى. ويجب المباعدة بين الجرعات مع تحسن الأعراض، والتوقف عندما يعود كل شيء إلى طبيعته.

الوصول إلى النوم بصعوبة (النمط الأول)

- **ريس توكسيكوديندرون** 9 سي أتش، عندما يكون من الصعب العثور على النوم، ونشعر في الليل باضطراب بعد مجهود بدني زائد.
- **كافي كرودا** 9 سي أتش، سواء كان الأرق ناتجًا عن فرحة كبيرة أو شرب القهوة أو نتيجة اجترار ذهني.
- **إغناطية إمارا** 9 سي أتش، في حالة صعوبة النوم بعد الحزن أو الإحباط. من المفارقات أن الضوضاء والضوء بوجه عام مطمئنان ويعززان نومًا أفضل.
- **كوكوليلوس إنديوس** 9 سي أتش، سواء كانت المشكلة ناتجة عن العمل لساعات متأخرة أو بسبب السفر لوقت طويل.
- **نوكس فوميكا** 9 سي أتش، للأشخاص المرهقين الذين يفرطون في تناول المنشطات وينامون على كرسي بعد العشاء، لكن لا يمكنهم العودة إلى النوم بمجرد الاستلقاء على السرير.

الاستيقاظ عدة مرات في الليل (النمط الثاني)

- **إغناطية أمارا** 9 سي أتش، عندما يتبع الليلة السيئة حزنٌ في قلب شخص شديد الحساسية.
- **جيلسيميوم سيمبيرفيرين** 9 سي أتش، عندما يكون النوم مضطربًا بسبب الخوف، كالذي يسبق الامتحان أو الموعد المهم.
- **أرسنيكيوم ألبوم** 9 سي أتش، في أوقات التعب الشديد، عند الاستيقاظ بين الساعة الواحدة والثالثة صباحًا، والذي يكون مصحوبًا بالقلق أو الكوابيس أو الحاجة إلى المشي واستنشاق بعض الهواء النقي.
- **نوكس فوميكا** 9 سي أتش، مناسب لشخص سريع ومرهق ينام في وقت متأخر، لكنه يستيقظ عند الساعة الثالثة أو الرابعة صباحًا، أو عدة مرَّات في أثناء الليل ولا يمكنه العودة إلى النوم قبل الفجر.
- **أكونيتيوم نباليوس** 9 سي أتش، لشخص قلق يستيقظ في منتصف الليل، ولا يتمكن من العودة إلى النوم مرَّة أخرى.

الاستيقاظ المبكر جدًّا (النمط الثالث)

- **كاليوم فوسفوريكيوم** 9 سي أتش، يختاره أشخاص يعانون إرهاقًا فكريًّا، أو لديهم مخاوف مهنية أو مصادر للتوتر، أو يعانون صداعًا ومشكلات في الذاكرة.
- **فوسفوريكيوم أسيدوم** 9 سي أتش، يُعَد أكثر ملاءمة للأشخاص الذين يعملون كثيرًا ويمرون بفترة من الاكتئاب.
- **تيوا أوكسيدنتاليس** 9 سي أتش، هو أيضًا للأشخاص المصابين بالاكتئاب، إذا كان لديهم رهاب، وميل للعدوى، ويستيقظون عند الساعة الرابعة صباحًا تقريبًا.
- **ليزينيوم** 9 سي أتش، دواء مناسب لأولئك الذين لديهم شعور بأنهم لا يستطيعون النوم على الإطلاق في الليل، وبالتالي يخشون وقت النوم.

نحن مضطرون إلى التحرك!

ينتج عن أي ممارسة بدنية «إرهاق صحي»، جسدي أكثر منه معنوي، مما يسهل النوم في الليل. يمكن للمرء أن يتخيل أن التمرين في فترة ما بعد الظهر سيكون أكثر فعالية لأنه كان أقرب إلى وقت النوم. ومع ذلك، فقد أظهرت إحدى الدراسات أن ممارسة الرياضة في الصباح تزيد من وقت النوم العميق المريح بنسبة تصل إلى 75%. لذا، كونوا حذرين، فإن تنشيط أنفسكم قبل النوم بأقل من ثلاث ساعات قد يكون له تأثير سلبي جدًّا في النوم!

لا يوجد طريق مسدود

عندما ننام بشكل سيِّئ، فإننا نميل إلى إلغاء التمرين الرياضي، وهي فكرة سيئة للغاية، لأن التمرين الرياضي هو أحد العلاجات الطبيعية الرئيسية. جلسة صغيرة في الصباح «تزيل الصدأ»، وتساعد على الاستيقاظ. إضافةً إلى ذلك، ستكونون في حالة مزاجية جيدة، لأن الرياضة تنتج الإندورفين الذي يُطلق

عليه أيضًا «هرمون السعادة»، ويجلب الاسترخاء الجسدي والنفسي. إنه أيضًا مسكن رائع للتوتر، لأنه «يصفي أذهانكم» من خلال جعلكم تركزون على الجهد واللحظة الحالية.

لا حاجة إلى كثير من الوقت، أو أن نكون رياضيين محترفين

عدم الحركة خطأ يمكن أن يكلف ثمنًا غاليًا، ليس على المدى المتوسط من أجل صحتنا فحسب، ولكن حتى على مستوى المساء نفسه. على العكس من ذلك، أظهرت الدراسات أن التمارين الرياضية المنتظمة والمعتدلة تقلل من الأرق وتحسن جودة النوم بوجه عام. ونحن لا نحتاج إلى كثير من الوقت أو المساحة أو المعدات. على الرغم من كل الذرائع التي يمكننا اختراعها، نجد دائمًا نصف ساعة يوميًا للاستفادة من هذه الفوائد التي لا يمكن إنكارها. وغالبًا ما يكون ممكنًا، على سبيل المثال، تحديد ثلاثين دقيقة من أجل التمارين الرياضية في وقت الغداء.

وحتى نكون نشيطين، فهذا لا يقتصر على ممارسة الرياضة فحسب، بل يمكن أن يعني أيضًا المشي أكثر، أو ركوب الدراجات للتجول، أو القيام بمزيد من الأنشطة البدنية مثل البستنة.

الخروج لوضع الأمور في نصابها

إذا كنا نعمل في مكان مغلق، من دون رؤية ضوء النهار، فإن الجسم لا يعرف في أي ساعة نحن بالتحديد. هذا هو السبب الذي يجعل الأطباء يوصون أحيانًا في فصل الشتاء بالتعرض لمصابيح خاصة (العلاج بالضوء) لإعادة ضبط الإيقاعات (ما لا يقل عن ثلاثين دقيقة أمام الجهاز، في المقصورة بوصفة طبية أو في المنزل). لكن الخروج في أسرع وقت ممكن بعد الاستيقاظ هو الوسيلة الأكثر تكاملًا وملاءمة مع الجسم لإعادة إرسال الميلاتونين إلى الخزانة والانتقال إلى وضع «النوم» بعد ذلك.

لا شيء يضاهي ضوء النهار لمزامنة ساعة أجسامكم البيولوجية بشكل فعَّال وفقًا لتعاقب الليل والنهار. ومع ذلك، فإن شدة الضوء في الخارج تزيد على 2000 لكس، بما في ذلك عند هطول الأمطار. بينما في الداخل، حتى في غرفة شديدة الإضاءة، لا يصل الإشعاع غالبًا إلى أكثر من 300 لكس (الوحدة التي تميز إضاءة السطح؛ 1 لكس يتوافق تقريبًا مع إضاءة شمعة على مسافة متر).

لا خلاص من دون ممارسة الرياضة في الهواء الطلق؟

يمكن أن يطمئن عشاق تمارين البيلاتس أو اليوجا: حركات الجمباز التي تُجرى أمام النافذة المفتوحة على مصراعيها تساعد على تدوير الدم، والحصول على نفَس جيد من الهواء النقي، وجعل الجسم في كامل طاقته. كما أنها تساعد على تهوية الغرف. من 3 تمارين إلى تمرين واحد عندما لا يكون لديكم كثير من الوقت قبل الذهاب إلى العمل.

يمكن لعشاق السباحة أيضًا الانغماس في نشاطهم للاسترخاء من دون ندم. وذلك لأن السباحة، بالطبع، تساهم أيضًا في نوم أفضل: بفضل الشعور بالخفة وانعدام الوزن الذي توفره، فإنها تؤدي إلى «الاسترخاء» الذي يزيل التوتر الجسدي والتقلصات والآلام الأخرى.

الفصل الثاني

تسخير الموجودات لخدمتنا نهارًا

هناك كثير مما يتعين علينا فعله لتصحيح السلوكيات الضارة (التغذية غير الكافية، أخذ القيلولة لفترات طويلة للغاية، إلخ)، وتعلم الحد من الإجهاد، وإعداد «البيئة المثالية للنوم» لتعزيز الليالي الهادئة.

تنظيم غرفة النوم المثالية

بيئة أكثر اعتدالًا

غرفنا تكون في الغالب حارة للغاية. وللحصول على نوم مثالي، يجب ألا تتجاوز درجة حرارة الغرفة 17-18 درجة مئوية. التعرض للبرودة أو الحرارة يزعج النائم، ويزيد من خطر النوم المتقطع الذي تتخلله عدة مرات من الاستيقاظ الليلي. يجب أن يوضع ذلك في الحسبان خصوصًا من قِبل الأشخاص الذين يعانون الاستيقاظ الليلي (**التشخيص الثاني**). يمكننا دائمًا تغطية أنفسنا للوقاية من البرد، في حين أننا لا نستطيع بأي حال من الأحوال تحمل الحرارة.

غرفة يمكن تعتيمها

وفقًا لدراسة[1] من كوريا الجنوبية: الإضاءة الحضرية معادية للبيئة وتمنعنا من الإعجاب بالنجوم، وإضافةً إلى ذلك فإنها مسؤولة بالاشتراك مع عوامل أخرى عن تدهور نومنا. تعرضنا مصابيح الشوارع، ولافتات المحلات، واللوحات الإعلانية الأخرى «لتلوث ضوئي» حقيقي يعوق إفراز الميلاتونين. وإن إطفاء الإضاءة الحضرية لجزء من الليل يمكن أن ينقذ حياة الآلاف من الحشرات المفيدة، ويحافظ على جودة ليالينا. وفي أثناء ذلك، الأمر متروك لنا لتزويد نوافذنا بستائر أو مصاريع فعَّالة، مع عدم التردد في استخدام ستائر مزدوجة إذا لزم الأمر. يجب أن تتيح الإضاءة غير المباشرة أيضًا تشتيت الضوء الخافت الذي يهيئ الجسم للنوم.

مثلما نصنع أسرَّتنا

أحيانًا يكون تحسين الفراش كافيًا لمساعدتنا على النوم بشكل أفضل. ينتظر الفرنسيون في المتوسط أربعة عشر عامًا لتجديده، بينما يوصَى بتجديده كل عشر سنوات. يمثل هذا بالفعل نحو ثلاثين ألف ساعة من الاستخدام وما يقرب من مائة وخمسين ألف حركة (هناك 40 حركة في الليلة)! إذا انطلقت النوابض أو ترك الجسم بصماته على المرتبة، فلا داعي للتسويف حقًا.

مراتب ذات صلاحية محدودة

النوم على مرتبة قديمة له تداعيات (آلام العضلات وآلام الظهر)، وهو ليس صحيًا على الإطلاق. يُفقد نحو ثلاثين سنتيلترًا من الماء كل ليلة تمتصها المرتبة مع مرور السنين، وهي إضافةً إلى ذلك تراكم الغبار والعث. توفر عوارض السرير نحو ثلث الدور لامتصاص الصدمات، وتطيل عمر الفراش وتضمن تهوية جيدة، لكن المرتبة لها تأثير كبير في ليالينا. لذا، يجب أن تكون متينة، ولكن ليس كثيرًا. إذا استلقيت على ظهرك، واستطعت تمرير يدك بين الجزء الأسفل من الظهر والمرتبة، فهذا يعني أن المرتبة متينة للغاية. وإذا استلقيت على جانبك متكئًا على أحد الكوعين وغاص في المرتبة، فهذا يعني أنها طرية للغاية.

حجم كبير، إذا كان ممكنًا

اللكم أو الركل، القتال من أجل الغطاء، ليس من السهل دائمًا النوم على نحو ثنائي! ما الحل لإنقاذ لياليكم وشريككم؟ لا تترددوا في الحصول على سرير ذي حجم أكبر. فوفقًا لدراسة أجريت عام 2012 (أجرتها شركة أكتيكوبل من أجل جمعية تعزيز الفراش)، يزيد وقت النوم بنسبة 15% عند الأزواج الذين لديهم سرير 160×200 سم، مقارنةً بالسرير التقليدي 140×190 سم.

لكلٍّ غطاؤه، ولكلٍّ سريره

لحاف أو بطانية، كلٌّ منا على حسب ما يفضِّل. لكن الهدف يكمن في عدم قضاء الليالي في محاولة الاستحواذ على الغطاء. يجب أن يكون لدى كل واحد منكم الغطاء الخاص به. يمكنكم اختيار الأسرَّة المتماثلة، حتى لو كان ذلك يعني تجميعها معًا، لضمان ليالٍ هادئة دونما فصل حقيقي. يتيح لكم هذا أيضًا اختيار مستويات مختلفة من متانة المرتبة إذا لزم الأمر.

أخبرني يا دكتور جوود

هل أنت مع أو ضد وضع جهاز ترطيب الهواء فوق جهاز التدفئة؟

يؤدي الهواء الجاف جدًا الناتج عن التسخين إلى إضعاف الأغشية المخاطية في الجهاز التنفسي. ومع ذلك، غالبًا ما تكون أجهزة ترطيب الهواء مصدرًا للعفن المثير للحساسية. إذن، ما العمل؟ ضعوا وعاءً من الماء على جهاز التدفئة بحيث يمكن تنظيفه كل يوم، ولا تزيدوا من درجة حرارة الغرفة كثيرًا، وجددوا هواءها بانتظام.

حل آخر: في حالة الزوج المفرط في الحركة، الذي يريد شريكته إلى جانبه، تناسبه المرتبة ذات القدرة على التكيف مع شكل الجسم ووزنه والتي تمتص الحركات بشكل أفضل.

العثور على الوسادة المناسبة أمر أساسي

تُجدَّد الوسادة كل عامين، لأنه في نهايتهما يُكوِّن العث 10% من وزنها. ومع ذلك، فإن اختيار نوعها، الذي غالبًا ما يُهمل، شديد الأهمية.

صغيرة لكنها ذكية

من خلال دعم الفقرات، وتوزيع وزن الرأس، تساعد الوسادة الذكية على إرخاء العضلات والعمود الفقري، مع تعزيز الـدورة الدموية. ولتحقيق ذلك بصورة مثالية في أثناء النوم، يجب أن يكون الرأس والرقبة في الموضع نفسه كما لو كنا واقفين. بمعنى آخر، يجب الحفاظ على محاذاة الفقرات العنقية والظهرية، ويجب ألا ترفع الوسادةُ الرأس كثيرًا. للسبب نفسه، من الأفضل التخلي عن وضع وسادة فوق أخرى، أو استخدام وسادة ذات مسند، خصوصًا إذا كنا نعاني آلامًا في الظهر والرقبة.

اتجاه السرير له أهميته أيضًا

تأتي التوصية بأن يكون وضع الـرأس في النوم إلى الشمال (أو على الأقل إلى الشرق) من الفينج شـوي، وهـو فن صيني يهدف إلى الرفاهية. بالنسبة إلى غرفة النوم على طراز «زن»، يجب أن يكون السرير بعيدًا قدر الإمكان عن مدخل الغرفة، ويجب ألا تكون قدما النائم في مواجهة الباب مباشرة، وأخيرًا يجب أن تكون مقدمة السرير ملاصقة للحائط. وفي حالة فشل ذلك، تكون كبيرة بما يكفي لإشاعة جو أمان حقيقي. إن محاولة تجربة هذه المبادئ لا تكلف كثيرًا، وإذا نجح الأمر كان أفضل بكثير!

مادة الصُّنع

الريش ليس مادة جيدة في الاستخدام على الإطلاق، فنحن لا نستطيع غسله، فضلًا عن أنه يتسبب في الحساسية، ويميل إلى التكتل مع الزمن. تُعَد موديلات الألياف الاصطناعية أقل تكلفة، لكنها غالبًا ما تكون مرنة جدًّا وتزيد من التعرق. أما ما يمكن الحفاظ عليها بسهولة، مع تقديم كفاءة مضمونة، فهي الوسادة الذكية التي تقدِّم في حدِّ ذاتها الحل الأمثل.

الشكل

الوسادة المستطيلة هي الأفضل لمن يتحركون كثيرًا. وتسمح الوسائد ذات القدرة على التكيف بدعم فقرات العنق بصورة مثالية، لكنها على الأخص مصممة للنوم على الجانبين.

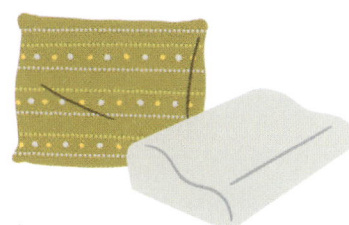

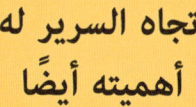

التغذية «صفر» بسبب غياب وجبة الغداء

ثلاث قواعد بسيطة يمكن أن تغير ليالينا

1. الالتزام بجدول زمني منتظم

يساعد تناول الطعام في أوقات محددة أجسامنا في الحفاظ على الإيقاع الصحيح، والشعور بالراحة بين الليل والنهار.

2. إعداد قائمة طعام متوازنة

يمكننا اتباع مبادئ النظام الغذائي للبحر الأبيض المتوسط (انظروا إلى النص المنفصل في الإطار)، التي وُضِّحت فوائدها على الصحة بإسهاب. فهذا النظام غني بالعناصر الغذائية التي تتدخل في التوازن الكيميائي للدماغ، فضلًا عن أنه يمنع أي نقص قد يؤثر في جودة النوم، وسوف يحمينا أيضًا من زيادة الوزن، التي نعلم أن لها تأثيرًا سلبيًا في ليالينا.

3. التحكم في مستوى التوتر من خلال تفضيل الأطعمة الغنية بالمغنيسيوم وفيتامينات ب6

- حتى لا نفتقر إلى المغنيسيوم (مثل سبعة من كل عشرة فرنسيين)، يجب أن نتناول الفواكه المجففة (البندق، واللوز)، والشوكولاتة المُرَّة، والبقوليات (العدس، والحمص، والبازلاء، والفاصوليا البيضاء والحمراء)، والموز، والسبانخ، والسلق.
- ولتناول حصتنا الكاملة من فيتامينات ب6 (التي تشارك في تصنيع رسل الرفاهية مثل السيروتونين، وتساعد على الاحتفاظ بالمغنيسيوم في الخلايا)، يجب تناول الأسماك الدهنية (السردين، والتونة، والسلمون، والماكريل)، والخضراوات الخضراء، والكبد البقرية أو كبد العجل، والأرز البني.

أساسيات النظام الغذائي الكريتي

- التقليل من تناول الدهون «السيئة» (الزبدة، والقشدة، والجبن، واللحوم الباردة، وما إلى ذلك)، وأيضًا الدهون «المخفية» في البسكويت، والمعجنات، والآيس كريم، وما إلى ذلك. وتفضيل منتجات الألبان منزوعة الدسم، والدهون «النباتية» (بذور اللفت، وزيت الزيتون).
- زيادة استهلاك الخضراوات والفواكه الموسمية.
- تناول حصة من البروتين: السمك مرتين على الأقل في الأسبوع، وأحيانًا اللحوم (تفضَّل الدواجن، أو الأرانب، أو قطع لحم العجل، أو اللحم البقري، الخالية من الدهون).
- إعطاء مساحة كبيرة للحبوب الكاملة (الأرز، والخبز، والدقيق، والكينوا، إلخ) الغنية بالألياف التي تُشبع من دون ضرر.

42 الفصل الثاني: تسخير الموجودات لخدمتنا نهارًا

مثالان على قوائم الطعام	
• الخضراوات الموسمية النيئة: الخس/الشمندر (غني بفيتامين ب6)، متبل بزيت الزيتون ومرشوش ببذور اليقطين أو السمسم (المغنيسيوم). • صدور الدجاج مع الأرز البني (ب6)، أو الفاصوليا (المغنيسيوم). • سلطة فواكه. • خبز كامل ومياه معدنية غنية بالمغنيسيوم.	• أفوكادو مع تتبيلة زيت الزيتون ومرشوشة بجنين القمح (ب6). • سمك السلمون في رقائق (ب6)، وغراتان الكوسا. • موس موز بالشوكولاتة الداكنة (المغنيسيوم). • خبز كامل ومياه معدنية غنية بالمغنيسيوم.

يجب التمييز بين القيلولة الجيدة والقيلولة السيئة

يخشى بعض الناس أن القيلولة في أثناء النهار تمنع النوم في الليل. في الواقع، هذا يتوقف على القيلولة نفسها. الشعور المفاجئ بالتعب بعد الغداء أمر طبيعي تمامًا، فالنعاس يزداد على نحو طبيعي في وقت مبكر من بعد الظهر، ربما بسبب انخفاض درجة حرارة الجسم، ويصبح أكثر ثقلًا عندما نفتقر إلى النوم. وبالتالي، تقدم القيلولة هبة من السماء لتعويض هذا التأخير، ويمكن للمرء أن يستسلم لها من دون ندم، إذا مارسها بطريقة جيدة.

القيلولة الصغيرة وتعليماتها

مدتها المثالية من عشر دقائق إلى عشرين دقيقة كحد أقصى، حتى تتجنبوا الاستيقاظ «مشوشين» لأنكم دخلتم في مرحلة النوم العميق. أبعد من ذلك، أنها من المحتمل أيضًا أن تؤثر بالسلب في الليلة التالية، ومن هنا تأتي الحاجة إلى برمجة نغمة رنين. يكفي إغلاق أعينكم من دون محاولة النوم بالضرورة، فالاسترخاء بسلام وفي صمت يتيح لكم استعادة يقظتكم وكفاءتكم.

أخبرني يا دكتور جوود

هل الوزن الزائد يعزز اضطرابات النوم؟

حتى الآن، ينظر العلماء إلى زيادة الوزن على أنها نتيجة للحرمان المزمن من النوم (المجلة الأوروبية للتغذية السريرية، 2016، على سبيل المثال). ولكن وفقًا لدراسة جديدة (مجلة بلوس بيولوجي، 2020)، فإن العكس صحيح أيضًا: فالسمنة تزيد من خطر الأرق. القصة القديمة: هل الدجاجة أولًا أم البيضة أولًا تظهر من جديد!

القيلولة الخاطفة والقيلولة الطويلة

يمكن أن تكون مدة القيلولة أقصر مما ذكرنا، إذ إن القيلولة الخاطفة تستغرق أقل من خمس دقائق، وتتلاءم مع أكثر الجداول ازدحامًا، ويمكن ممارستها في أي مكان. بمجرد إغلاق أعينكم في وضع مريح، فهذا يوفر بالفعل استراحة مجدِّدة. قد يوصَى بقيلولة أطول (ساعة وربع الساعة إلى ساعة ونصف الساعة كحد أقصى) بشكل استثنائي في حالة العمل الليلي أو العمل بنظام الورديات.

بالأرقام

أكثر من ربع الفرنسيين يأخذون قيلولة مرة واحدة على الأقل في الأسبوع وفقًا لمقياس الصحة العامة الفرنسيّ (نهاية عام 2019)، ويود الكثيرون اللجوء إليها.

التدريب على الوضع الإيجابي

يساعدكم التدرُّب على ممارسة تخفيف التوتر في أثناء النهار على الشعور براحة البال في الأوقات الأساسية: سواء كان ذلك وقت النوم أو في منتصف الليل.

تدريب «اتساق القلب» للاسترخاء

تهدف هذه الطريقة إلى تنظيم التوتر والقلق من خلال مزامنة معدل ضربات القلب والتنفس. في الواقع، إذا كان القلب قادرًا على أن ينبض بسرعة تحت تأثير عاطفة ما، فإن العكس هو الصحيح أيضًا: من الممكن تهدئة معدل ضربات القلب، مما يؤدي إلى الاسترخاء والهدوء العميق. لتحقيق ذلك، فالأمر سهل: فقط زيدوا تنفُّسكم؛ فعبر الجهاز العصبي اللاإرادي، يتلقى الدماغ رسالة «للاسترخاء» ويرددها في جميع أنحاء الجسم. وهي طريقة رائعة للاسترخاء يمكن الوصول إليها بمنتهى السهولة.

خبر سار

نوادٍ جديدة للقيلولة

في باريس، وليون، ونانت، ومرسيليا، وروان، وأميان، وبلفور، يُفتتح مزيد ومزيد منها. وهي بديل مفيد للموظفين الذين ليس لديهم غرفة استراحة في أماكن عملهم، فضلًا عن أنها أكثر راحة من اللجوء إلى السيارة أو إسناد الرأس إلى المكتب.

عمليًّا

- اذهبوا إلى مكان هادئ، واجلسوا وظهوركم مستقيمة، مع وضع أقدامكم على الأرض وأيديكم على الفخذين.
- تنفسوا من خلال الأنف حتى تصلوا إلى ملء المعدة بالهواء لمدة خمس ثوانٍ.
- أخرجوا النفَس ببطء من خلال الفم لتفريغ معدتكم من الهواء لمدة خمس ثوانٍ.
- هذا معناه أنكم ستحصلون على إيقاع يبدأ من ستة أنفاس في الدقيقة، ويستمر الحفاظ عليه لمدة خمس دقائق.

المساج الذي يزيل التوتر

اضطرابات النوم من بين الأمور الرئيسية التي يعالجها الوخز بالإبر، وهو من المعترف به لدى منظمة الصحة العالمية. وتقدم علاجات الطاقة الأخرى، وعلم المنعكسات، والشياتسو، وطريقة المساج اليابانية، مساهمة مثيرة للاهتمام في مكافحة الإجهاد والأرق. لكن ليس لدينا دائمًا أخصائي علاج بالوخز بالإبر، أو أخصائي في المعالجة الانعكاسية، أو حتى شخص مستعد لتقديم مساج مريح لنا. يساعدنا مساج بعض النقاط التي نختارها بعناية وأعيننا مغمضة على تخفيف توتر العضلات، والتوتر عمومًا، واستعادة توازننا العقلي. وهي طقوس وعادات لا يزال من السهل تبنيها بأنفسنا، ويمكن لأصحاب النوم السيِّئ تجربتها!

تمرين اتساق القلب كالمحترفين

تسمح لنا البرامج «الاحترافية» بتصور منحنى قلوبنا وكذلك تنفُّسنا على الحاسوب، من أجل تعلُّم إبطاء الاثنين وتنسيقهما. يتوفر أيضًا كثير من برامج التدريب المجانية في صورة برامج أو تطبيقات (مثل: كارديوزين، أو ريسبيرلاكس+) أو على موقع يوتيوب لعامة الناس. وغالبًا ما تكون في شكل كرة تعلو وتهبط في وضع مثالي، ثم تستقر بعد ذلك، وهنا تدركون أنه لا بد لكم من إبطاء تنفُّسكم.

النقاط الرئيسية الثلاث في الممارسة العملية

- في ثنية الرسغ: تقع في داخل الرسغ، بالتوازي مع الإصبع الصغيرة، وتسمى هذه النقطة «باب الروح». ابدأوا بالمعصم الأيسر ثم انتقلوا إلى الأيمن.
- بين الحاجبين: عند الاستيقاظ ليلًا على سبيل المثال **(النمط الثاني)**، عليكم بتدليك هذه المنطقة برفق لتهدئة القلق والأرق، مما يساعدكم على العودة إلى النوم.
- خلف الأذن: أو بتعبير أدق خلف شحمة الأذن، في قاعدة الجمجمة، يوجد تجويف صغير، يُدلك بإصبع السبابة على كلا الجانبين في الوقت نفسه.

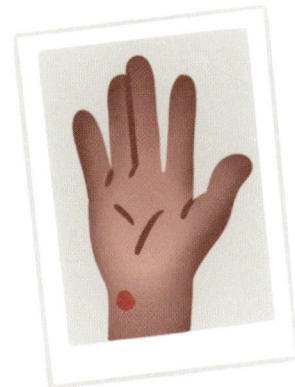

السوفرولوجيا (العلاج بالاسترخاء) للنوم أسرع

يجمع هذا العلم بين التنفس والاسترخاء والتخيل العقلي، ويتضمن تصوُّر مشهد ممتع وإيجابي. ويساعد هذا العلم على استرخاء الجسم وتوجيه الأفكار في الوقت نفسه. ووفقًا لأبحاث جامعة أكسفورد، يمكن أن يوفر عشرين دقيقة في المتوسط في الوقت الذي يستغرقه النوم. كما يمكن استخدام هذه الطريقة إذا كنتم تريدون النوم لفترة أطول أو تريدون عدم الاستيقاظ في الليل. تكفي جلستان إلى خمس جلسات مع مدرب للبدء في التدريبات. ولكن بعد ذلك، لا توجد معجزة: فقط التدريب المنتظم يمكن أن يحقق أقصى استفادة منه.

عمليًّا، تنفسوا تسترخوا

- ابدأوا بالتنفس البطني العميق والهادئ: ضعوا يدًا على السُّرة، وأخرى تحت عظمة الصدر، واستنشقوا من خلال الأنف، واملأوا بطونكم بالهواء ببطء، ثم ازفروا ببطء من خلال الفم، وادفعوا كل الهواء خارج الرئتين (يدخل البطن برفق) بعد ثلاث مرات.
- ثم، في أثناء الشهيق، كرروا عقليًّا عبارة قصيرة مثل: «أنا هادئ»، وفي أثناء الزفير: «سأسمح لنفسي أن أغفو»، لمدة دقيقة أو دقيقتين.
- أخيرًا، ابحثوا في ذكرياتكم أو في خيالكم عن مكان يريحكم، ويُشعركم بالرضا، وتشعرون فيه بالأمان (على سبيل المثال: شاطئ، أو حديقة، أو بحيرة جبلية)، وامكثوا هناك بسرور، واستمعوا إلى تغريد العصافير أو صوت الأمواج، واستمتعوا برائحة الزهور أو عانقوا الرياح.

العلاجات التي تساعد على النوم دفعة واحدة

تُستخدم العلاجات السلوكية المعرفية بشكل ملحوظ لعلاج القلق والتوتر والاكتئاب، وقد طُبقت بنجاح على اضطرابات النوم، خصوصًا لدى أولئك الذين يعانون الاستيقاظ الليلي (**النمط الثاني**).

رياضة الجسم/العقل

تعمل هذه الدراسات والتخصصات على التخلص من التوتر، وهي مستمدة من الثقافات الشرقية.

- **أظهرت دراسة أن ممارسة اليوجا لأسابيع قليلة تؤدي إلى تحسين جودة النوم لدى الأشخاص الذين يعانون الأرق المزمن.**
- **أثبت التشي كونغ، والتاي تشي، والجمباز اللطيف والبطيء المستمد من الطب الصيني التقليدي، جدواه أيضًا. وجدت دراسة أُجريت في عام 2004 أن ممارسة تاي تشي ثلاث مرات في الساعة أسبوعيًّا تقلل من الوقت الذي نستغرقه للدخول في النوم، كما أنها تزيد من مدة النوم.**

مِمَّ يتضمن ذلك؟

كل شخص لديه مونولوجات داخلية: «لن أفعل ذلك أبدًا»، «لا يمكنني تحمل الأمر بعد الآن»، إلخ. تهدف العلاجات السلوكية المعرفية إلى إدراك هذه الجمل الصغيرة، ثم «إصلاحها»، حتى يمكن التخلص منها. على سبيل المثال، قولنا لأنفسنا: «يجب أن أنام سريعًا، وإلا فسأكون متعبًا غدًا»، لا يمكن إلا أن يسبب التوتر ويؤدي إلى هروب النوم. تساعد العلاجات السلوكية المعرفية على تغيير السلوك واستعادة ثقة المصاب بالأرق في قدرته على النوم مرَّة أخرى.

كيف لنا أن نحقق ذلك؟

يمكن تقديم العلاجات المعرفية السلوكية في نهج فردي، أو في صورة بعض الجلسات الجماعية، بما في ذلك بوجه عام تقنيات الاسترخاء. يكون التعامل معها فقط عندما تُنفَّذ بمعرفة طبيب نفسي. للحصول على تفاصيل الاتصال بالمتخصصين الأكْفَاء، راجع الموقع الإلكتروني للجمعية الفرنسية للعلاج السلوكي والمعرفي: www.aftcc.org.

نصيحة الدكتور جوود المُثلى!

يقدِّم كثير من المراكز الحرارية بروتوكولات تركِّز على إدارة الإجهاد والأمراض ذات الصلة، بما في ذلك الأرق: نيرس لابان، وسوجون، وبانيير دو بيجور، ويوسات، إلخ. وقد أظهرت تجربة ستوب-تاج السريرية أن العلاج لمدة ثلاثة أسابيع فعَّال مثل تناول الأدوية المضادة للقلق. وأكدت دراسة سبيكت قيمة الاستشفاء بالمياه المعدنية لتحسين النوم عند التخلص من تناول الحبوب المنومة. وبناءً على وصفة الطبيب، يمكن سداد تكلفة العلاج عن طريق الضمان الاجتماعي بعد اتفاق سابق (غير شامل الإقامة).

الفصل الثالث

انتقال سلس في المساء

من الغسق إلى وقت النوم، الطقوس والنصائح والتحذيرات لوضع كل مواطن القوة في خدمتكم. اتباع هذه الدائرة الإيجابية يزيد من فرص قضاء ليلة خالية من المتاعب.

التغذية «صفر» بسبب غياب وجبة العشاء

يمكن أن يكون وضع الأطعمة الغنية بالتريبتوفان في طبق المساء له تأثير كبير في النوم. في الواقع، هذا الحمض الأميني يعزز إفراز السيروتونين، مما يزيد من رفاهيتنا وبالتالي يعزز تخليق الميلاتونين (هرمون النوم).

قاعدتان بسيطتان للحصول على التريبتوفان بشكل كامل

1. **قائمة طعام غنية بالكربوهيدرات:** تشمل على الأقل جزءًا من الأطعمة النشوية (المكرونة، والأرز، والسميد، والخبز)، والبقوليات (الفاصوليا المجففة، والعدس، والبازلاء، وغيرها) كبروتين مع خضراوات مختلفة.
2. **قليل من البروتين الحيواني:** يرتبط مستوى ضغط الدم بنسبة التيروزين في الجسم، وهو حمض أميني يُستخدم لصنع الدوبامين، الناقل العصبي المرتبط بالنشاط. إذا كنت تعاني مشكلات في النوم، فمن الأفضل تناول اللحم والبيض في الصباح والظهيرة، واختيار وجبة نباتية في المساء. ومع ذلك، هناك استثناء للأسماك، خصوصًا الأسماك «الدهنية» (السردين، والسلمون، والتونة) التي تحتوي أيضًا على الكثير من التريبتوفان وفيتامين ب6 وأوميجا 3 (أصدقاء آخرون للسيروتونين).

أخطاء يجب تجنبها

تناول كثير من السكريات السريعة

تؤدي إلى زيادة عدد مرات الاستيقاظ لفترات قصيرة، فضلًا عن أنها تخزن مباشرة في الفخذين في أثناء الليل. للحصول على نسبة سكريات في نهاية الوجبة، فكروا في الفواكه المجففة (التمر، والتين، والبندق، واللوز)، والشمام، والموز، والكومبوت، أو الأرز باللبن.

تناول الأطعمة الغنية بالدهون والثقيلة

تطيل الوجبة الدسمة للغاية والغنية بالدهون من عملية الهضم، مما يمنع درجة حرارة الجسم من الانخفاض. كما أن تناول الكريمة والأطباق الحارة والأطعمة المقلية والعجائن يؤدي أيضًا إلى اضطراب النوم بسبب صعوبة الهضم. يمكن أن يحدث هذا أيضًا إذا كان تناول الوجبة في وقت متأخر للغاية في المساء ولم تُهضَم قبل الاستلقاء. ومن الأفضل محاكاة دول الشمال وتناول العشاء قبل ساعتين على الأقل من إطفاء الأنوار.

تعقُّب أعداء النوم

احترسوا من الضوء الأزرق

تدوم أضواء المصابيح الثنائية الباعثة للضوء ست مرات أطول؛ تستهلك طاقة أقل بكثير وتولد حرارة أقل بكثير. لكن «التعرض، حتى لو كان منخفضًا للغاية، للضوء الغني باللون الأزرق في المساء أو في الليل يعطل الإيقاعات البيولوجية وبالتالي النوم». ذكرت ذلك الوكالة الوطنية لسلامة الغذاء والبيئة والصحة المهنية في إشعار نُشر في 14 مايو 2019. وأولئك الذين يجدون صعوبة في النوم (**النمط الأول**) سيكونون أكثر حساسية لذلك. في الواقع، وبطبيعة الحال، فإن الضوء يميل إلى الزرقة أكثر في الصباح، بينما يسيطر الضوء الأحمر على المساء. ومع ذلك، لا تجهِّز المصابيح الثنائية الباعثة للضوء الإضاءة العامة لدينا فحسب، بل إنها تسكِّن مصابيحنا الداخلية وتهيمن بوجه خاص على الشاشات التي نستخدمها ونسيء استخدامها.

حرب الشاشات

أصبحت أجهزة التلفزيون والهواتف الذكية والأجهزة اللوحية وأجهزة الحاسوب العدو العام الأول لنومنا تقريبًا. فمن خلال جذبها لنا، تمنعنا من الاهتمام بعلامات النوم، ويمكن أن تؤدي إلى المجهود العقلي الذي لا يتوافق مع النوم. والأهم من ذلك أن الضوء الأزرق الذي تنتجه هذه الأجهزة يعوق إفراز الميلاتونين (هرمون النوم). فعلى الرغم من هدوء المنبه أو زر النوم في التلفزيون، فإنهما بمنتهى السهولة يمكن أن يعدلا من نومنا كمًّا وكيفًا.

بالأرقام

ينام 1 من كل 5 فرنسيين أمام شاشة التلفزيون، ثم يستيقظ في منتصف الليل.

تجنبوا السهر مثل مصاصي الدماء

في استطلاع أجرته مؤسسة إبسوس/أدوفا (سبتمبر 2018)، أقر 40% من المشاركين بأنهم يفحصون هواتفهم الذكية قبل النوم، وأقر 69% بأنهم يشاهدون التلفزيون قبل النوم مرتين على الأقل في الأسبوع. والأسوأ من ذلك، وفقًا لدراسة استقصائية أجرتها سانوفي للرعاية الصحية للمستهلك لصالح شركتي

نوفانويت ووانبول، هناك ما يقرب من تسعة من كل عشرة فرنسيين من أتباع المشاهدة المجمعة، وهي ممارسة مشاهدة حلقات مسلسل بشكل كامل على إحدى القنوات. هذا الإدمان على المسلسلات التلفزيونية، والساعات الطويلة التي يقضيها أولئك على وسائل التواصل الاجتماعي، أديا إلى ظهور المصطلح الجديد: «السهر مثل مصاصي الدماء»، وهو اختصار للمصطلحات الإنجليزية؛ مصاص الدماء والرسائل النصية لوصف اضطراب النوم الناجم عن فرط الاتصال. بالنسبة إلى ضحاياه، ثمة طريقة واحدة فقط للخروج: تغيير عادات الاستهلاك الرقمي.

انقطاع التيار قبل النوم!

نظرًا إلى أن مشاهدة الشاشات في الليل ترسل إشارة خاطئة إلى أجسامنا (حيث تشير إلى أنه لم يحل الظلام بعد)، يجب علينا إيقاف تشغيلها قبل تسعين دقيقة على الأقل من النوم. لا مزيد من الهواتف الذكية والتلفزيون في غرفة النوم. الأفضل من ذلك، أن تقرأوا كتابًا، أو تتناقشوا مع الشريك الآخر، أو تمارسوا قليلًا من التأمل تحت إضاءة خافتة وهادئة. في حالات استثنائية، عندما يتعذَّر التوقف عن استخدام الأجهزة، يمكن تثبيت مرشحات أو برامج مضادة للضوء الأزرق على الأجهزة.

ضعوا همومكم في الخزانة

يوجد سبب رئيسي آخر لسوء النوم، وهو المشاغل والمخاوف التي تدعم اجترار الأفكار. وفي استطلاع مؤسسة إبسوس/أدوفا لعام 2018 أيضًا، أقر أكثر من ثلث المشاركين بأنهم يستعيدون مسار يومهم وهم على السرير، أو يتوقعون التنظيم في اليوم التالي. لا يقتصر الأمر على فصل الحاسوب فحسب، بل يجب تعليق مطحنة التفكير الصغيرة لدينا أيضًا!

تغيير الأفكار

نحن نطبخ إذا أحببنا ذلك، نستمع إلى الموسيقى، نلعب مع العائلة، نمشي مع الكلب، نلتقي الأصدقاء. باختصار، نحن نمرح ونسترخي. حيلة أخرى لتصفية الذهن: ضعوا دفترًا صغيرًا وقلم رصاص في درج المنضدة بجانب السرير. إذا بدأتم في مراجعة الجدول الزمني الذي ينتظركم في اليوم التالي، فإن تدوين كل ما تحتاجون إلى تذكره سيساعدكم على التوقف عن التفكير في الأمر. يمكن أن يساعدكم هذا أيضًا على الاستعداد لموعد مهم للشعور بالاطمئنان، وإذا كنتم تفكرون في حدث غير سار في اليوم الماضي، فإن ملاحظة مشاعركم تساعدكم أيضًا على وضعها بعيدًا والتوقف عن التفكير فيها.

مطاردة الضوضاء لا تزال قائمة

الآذان ليست لها جفون، ولذلك يجب أن «ننام بعمق» حتى لا يوقظنا الضجيج في أثناء النوم! وهذه الهشاشة، التي كانت بلا شك رصيدًا قيمًا لبقائنا قبل بضعة ملايين من السنين، أصبحت تشكل عائقًا

اليوم. فيكفي أن تتوقف عجلتان عند الفجر، ونحن نعيش عند التقاطع حيث تتباطأ الشاحنات، أو أن يكون مكان إقامتنا فوق شرفة أحد المقاهي أو أسفل جيران مزعجين، حتى تتحول ليالينا إلى جحيم. حتى الضوضاء الصغيرة التي لا توقظنا تؤدي بالفعل إلى إفراز هرمونات التوتر. إن ترك الراديو قيد التشغيل ليس مثاليًّا أيضًا لتجديد الجسم ليلًا. فضلًا عن ذلك، ليس من السهل تقليل الإزعاج. لكن الزجاج المزدوج، وتبطين الأبواب والجدران، وسدادات الأذن، أمور جيدة.

تخلص

من الأفكار المغلوطة!

تتضاعف ساعات النوم قبل منتصف الليل

أسطورة خالصة؛ فالنوم لعدد كافٍ من الساعات وفقًا للساعة البيولوجية (بومة الليل أو بومة الصباح) هو العامل الأكثر حسمًا في هذا الصدد. ومع ذلك، هذه الفكرة تنبع من حقيقة أن الساعات الأولى من النوم هي الأكثر استرخاء، وهو ما يظل صحيحًا قبل منتصف الليل وبعده.

ماذا عن الحيوانات؟

أجمع المتخصصون على ضرورة استبعاد التلفزيون، تمامًا مثل الطعام أو ملحقات العمل. يجب ألا تكون غرفة النوم غرفة مخصصة لكل شيء، ولكن فقط مساحة مخصصة للنوم. ومع ذلك، عندما يتعلق الأمر بالنوم المشترك مع كلابكم أو قططكم الأليفة، فإن الآراء تكون أقل وضوحًا. يوجد في فرنسا عدد من الحيوانات الأليفة يساوي عدد سكانها (63 مليونًا) تقريبًا. وأكثر من ثلث أصحابها الفخورين يتشاركون غرفهم مع حيواناتهم الأليفة. لا مشكلة إذا كانت سمكة، ولكن ماذا لو استسلم المرء للعين المتوسلة لكلب أو قطة؟ حسنًا، وفقًا لدراسة لمايو كلينك (2015)، في الولايات المتحدة، قد يؤثر ذلك في نوم 20% فقط من الأشخاص. بينما يعتقد ما يقرب من نصف أصحاب الحيوانات أن وجودها، على العكس من ذلك، يريحهم ويمنحهم شعورًا بالأمان. الخلاصة: الأمر متروك لكم، ولكن إذا كنتم تعانون الاستيقاظ الليلي (**النمط الثاني**)، فقد تضطرون إلى التفكير في طرد القطط التي تنام بمنتهى الراحة فوق رقابكم.

نباتات للاسترخاء

يُعَد طب الأعشاب من أقدم الأدوية الطبيعية، وهناك كثير من النباتات المهدئة التي يمكن أن تساعدكم على النوم. وهناك ثلاثي يبرز على منصتنا.

القليل من العسل في ليالينا: بلسم الليمون

مزاياه: أكدت تجربتان سريريتان تأثيره المهدئ.
لمن؟ توصي وكالة الأدوية الأوروبية (إيما) باستخدامه في مشكلات النوم المرتبطة بالتوتر العصبي (**النمط الأول**).
كيف يُحضَّر؟ بالنقع: ضعوا ملعقة صغيرة من النبات (طازجًا أو مجففًا) لكل كوب من الماء المغلي. ينقع لمدة خمس دقائق ويُشرب قبل الذهاب إلى الفراش بنصف ساعة.

المهدئ الرائع: الناردين

مزاياه: أظهر كثير من الدراسات العلمية أن جذره يقصر الوقت الذي نستغرقه للدخول في النوم، كما أنه يطيل مدة النوم (خصوصًا النوم العميق)، ويقلل من عدد مرات الاستيقاظ الليلي (**النمط الثاني**).
لمن؟ أوصى أبقراط (القرن الخامس قبل الميلاد) به بالفعل، لمعالجة اضطرابات النوم جميعها.
كيف يُحضَّر؟ الاستخلاص بالغلي: 2 أو 3 جم من الجذور المجففة في 150 ملليلترًا من الماء المغلي لمدة عشر دقائق. ويكون تناوله قبل موعد النوم بنصف ساعة أو ساعة.

للأحلام السعيدة: نبات كاليفورنيا

مزاياه: يُستخدم بالفعل من قِبل الأمريكيين الأصليين لتسهيل نوم الأطفال، وتقلل أجزاؤه الهوائية من الهياج والإثارة.
لمن؟ للأطفال بدءًا من سن ست سنوات، وكذلك بالنسبة إلى النائمين الذين تتأثر لياليهم بآلام في العضلات أو المفاصل، حيث أظهر النبات أيضًا خصائص مسكنة للألم.
كيف يُحضَّر؟ بالنقع: ضعوا ملعقة صغيرة من النبات لكل كوب من الماء المغلي. يُنقع لمدة خمس دقائق. ويكون تناوله قبل الذهاب إلى غرفة النوم بنصف ساعة.

عروض تقديمية أكثر فعالية من غيرها

- يُطلق شاي الأعشاب فقط المكونات النشطة القابلة للذوبان في الماء. عيب آخر هو أنه يملأ المثانة في الوقت الخطأ.
- تتوفر المحاليل المائية المصنوعة من المزج بين الأعشاب الطازجة وبعض المواد في الصيدليات، بلا وصفة طبية (غالبًا عند الطلب)، ولكن يجب احترام جرعاتها: بضع عشرات من القطرات الممزوجة بقليل من الماء. وينطبق الشيء نفسه على المعلقات الكاملة للنباتات الطازجة أو المستخلصات النباتية الموحدة، والمستحضرات الغنية بالمكونات المفيدة (الموجودة على وجه الخصوص في متاجر الأغذية الصحية).
- الكبسولات أو الأقراص، ليست دائمًا الشكل الأقوى، لكنها الأسهل في الاستخدام.

أربع زهور يمكنها المساعدة

تهدف خلاصات هذه الزهور إلى تقليل التقلبات العاطفية في الحياة وتهدئتها. إنها تستحق أن تجرَّب، حتى لو لم تؤكد أي دراسة فعاليتها. قطرتان في كوب من الماء لاستهلاكه طوال اليوم إذا أمكن، عن طريق رشفات صغيرة. عندما يكون الأرق بسبب موعد نهائي نخشاه، أو فترة صعبة بشكل خاص، فإن الخليط المسمى «رسكيو أر نيو» يكون الأنسب. يوجد بشكل خاص على هيئة بخاخ، ويسهل تجديده ليلًا إذا لزم الأمر.

- **الروك روز (الرقروق):** يهدئ الأشخاص الخائفين والعاطفيين بشكل مفرط.
- **الريد شاست نوت (الكستناء الأحمر):** يطمئن أولئك الذين يقلقون بشكل مفرط بشأن الآخرين ويشعرون بالحزن بسبب أقل مشكلة.
- **الأسبن (الحور الراجف):** يهدئ القلق الذي يحدث بلا سبب.
- **الإليم (الدردار):** يساعد الأشخاص الذين ترهقهم المسؤوليات على النأي بأنفسهم.

أخبرني يا دكتور جوود

ما رأيك في مزيج بين الميلاتونين والنباتات؟

يجمع كثير من المكملات الغذائية بين النباتات التي تكمل بعضها بعضًا لعلاج مشكلات الأرق، مع إضافة الخزامى أو الزعرور أو زهرة الآلام على وجه الخصوص إلى الثلاثي المذكور سابقًا. كما تجمع هذه الخلطات بسهولة بين النباتات والميلاتونين. هذه الأخيرة أقل جرعة هناك مما هي عليه في الأدوية (بين 0.5 و1.9 ملليجرام)، لكن مساهمتها يمكن أن تكون مثيرة للاهتمام، خصوصًا بالنسبة إلى النمط الثالث؛ وهم الأشخاص الذين ينامون «بشكل متقطع».

اتباع الطقوس

الجدة على حق!

كانت الجدة تتبع الروتين نفسه دائمًا: العشاء المبكر، ثم نزهة صغيرة للهضم، ثم كوب من الشاي العشبي أو كوب من الحليب. وهي طقوس مثالية، إذ يحتوي الحليب على التريبتوفان والمغنيسيوم والكالسيوم، وهي مرخيات للعضلات. إضافةً إلى ذلك، فإنه يقلل من حامض المعدة. ما الذي ننتظره لتقليد الجدة؟ طقوس ما قبل النوم ليست للأطفال فقط! فهي تسهل الانتقال بين هموم النهار وراحة الليل، وتهيئ أجسامنا للنوم. ومن هنا كان الاهتمام ببدء العد التنازلي بنحو نصف ساعة قبل الوصول إلى السرير، واتباع الخطوات نفسها دائمًا: أُغلق الستائر، وأملأ وعاء الكلب، وأُجهز ملابسي لليوم التالي، وأغسل أسناني، وأتناول أدويتي، إلخ.

طاعة الأجسام

انتظام وقت النوم له أهمية انتظام الاستيقاظ نفسه تقريبًا، وذلك للسماح للجسم بتحسين «إيقاع ساعته البيولوجية». فنحن لدينا جميعًا ساعة ننام فيها بسهولة أكبر، وأولئك الذين يعرفونها يمكنهم الذهاب إلى غرفهم في ذلك الوقت. ليس قبله، بحجة الحصول على وقت أكبر للراحة، وليس بعده (حتى لو لم ينتهِ المسلسل الذي نشاهده!). بالنسبة إلى الآخرين، فالأمر ليس معقدًا للغاية أيضًا: اذهبوا إلى الفراش بمجرد أن تشعروا بأنكم في حاجة إلى النوم.

موزارت ضد الأرق

تُعَد الموسيقى طريقة رائعة أخرى للاستعداد للنوم، مثلها مثل القراءة، تسمح لكم بالانتقال من العالم الحقيقي إلى العالم الداخلي، من التفكير المنطقي إلى عالم الأحلام، ووضع مشكلاتكم بين قوسين. وقد أظهر كثير من الدراسات أن الاستماع إلى اللحن المفضّل يساعد على الحد من القلق والألم، وأن الهواء المهدئ يقلل من إنتاج هرمونات التوتر. أُجريت دراسة على متطوعين يعانون اضطرابات النوم (مجلة التمريض المتقدم، 2005)، وكان أولئك الذين يستمعون إلى الموسيقى الهادئة في وقت النوم ينامون بشكل أسرع ولفترة أطول. في الواقع، قد يبدو كأنه شكل من أشكال التنويم المغناطيسي الذاتي: من خلال التركيز على الصوت، تسترخي الحواس الأخرى والعقل. من الواضح أن التهويدة أو مقطوعة حالمة لشوبان من شأنها الحث على النوم أسرع من موسيقى الهارد روك! وذلك لأن أجسامنا تشكّل أوركسترا حقيقية من تلقاء نفسها (نبضات القلب، وموجات الدماغ) تميل إلى مواكبة الإيقاع الذي يُستَمَع إليه.

أربع أفكار وجيهة غير صحيحة

1. **حمّام ساخن قبل النوم:** الاسترخاء في الحمّام لتخفيف التوتر بالأملاح المعطرة والشموع، حلم يحلم به الجميع. لكن ليس هناك ما هو أسوأ من غمر أنفسكم في الفرن في وقت يجب أن تنخفض فيه درجة حرارة الجسم تمامًا حتى يحدث إفراز هرمون النوم. لذا، خذوا الحمّام الساخن قبل ساعتين على الأقل من الذهاب إلى الفراش، أو اختاروا الحمّام البارد.

2. **استخدام المنبهات:** لا قهوة بعد الساعة الرابعة مساءً. واحذروا من النيكوتين، فهو محفز أيضًا.

نصيحة الدكتور جوود المُثلى!

ثمة مشروبات تُفقد الجسم توازنه، ولها تأثير سيئ للغاية على جودة النوم، فهي تخدر الجسم مؤقتًا ليذهب في النوم، وفي الجزء الثاني من الليل يصبح النوم مضطربًا، وذا جودة رديئة، ويتخلله كثير من مرات الاستيقاظ. كما أنها تقلل من النوم المفارق في بداية الليل، ومن خلال التأثير الارتدادي تزيده في نهاية الليل (بشكل مفرط، مما يسبب الكوابيس).

3. **ممارسة الرياضة بعد الساعة السادسة مساءً:** إذا كنا نعاني صعوبة في النوم، فلنعلم أن النشاط البدني يدفئ الجسم وينتج الإندورفين، الذي يُعَد من الهرمونات المنبهة.
4. **كتاب مثير للغاية:** أمر جيد بالنسبة إلى كتاب السرير الذي يسمح لك «بفصل» ذهنك، لكن يجب ألا يكون كتابًا مثيرًا يصعب الابتعاد عنه!

تطبيقات للتأمل

لا يوجد شيء مثل جلسة التأمل ونحن في ظل وعي كامل قبل النوم، للتخلص من الأفكار المزعجة. هناك عدد من التطبيقات التي تقدم إرشادات للمبتدئين، وبعض هذه التطبيقات جادة وتقدم محتوى مجانيًا (على الأقل في جزء) مثل كالم (لنظامي آي أو إس وأندرويد).

الفصل الرابع

التعامل مع المنغصات في الليل

عندما يتأخر النوم في المجيء، فإن ذلك يزيد التوتر والعصبية، مما يجعله يفر أكثر. دعونا نحاول تجنب هذه الحلقة المفرغة للتصالح مع أسرَّتنا.

حيل صغيرة وآثار كبيرة

قد تبدو ثانوية، لكنها في بعض الأحيان تكون كافية لإعادتكم إلى النوم، ولا يكلف الأمر شيئًا إلا المحاولة.

النوم بالجوارب

من لم يسبق له الشعور بالبرودة في قدميه فليسخر أولًا! يحافظ كثير من النساء - وقليل من الرجال - على عادة ارتداء جوارب قصيرة في الشتاء، وهذا يقيهم من الاستيقاظ بسبب الأطراف المتجمدة.

العودة إلى قلنسوة النوم

نشعر أيضًا بالبرودة في الرأس، وهو الجزء من الجسم الذي نتردد في دفنه تحت الأغطية. النتيجة: لا يتجاهل البعض، (خصوصًا الرجال الصُّلع قليلًا) تغطيته بغطاء واقٍ عن طريق لفه في شال أو تتويجه بقبعة.

الأغطية الثقيلة

أُعيد اكتشاف هذا المفهوم في معرض لاس فيغاس للإلكترونيات في عام 2018. بإحلالها محل جلود الحيوانات في الماضي، ستوفر البطانيات الثقيلة شعورًا بالأمان، مثل الطفل عند لفه بعدة طبقات، أو وهو في رحم أمه. وفي حالة عدم وجود نموذج مليء بالآلاف من الخرزات الصغيرة (بين 65 و200 يورو)، قد يكون من الكافي إضافة بضع «طبقات» على الجسم لتروا أن الأمر ينجح!

النوم بلا أي ملابس

بالنسبة إلى الأتباع، من المستحيل أن يقدموا أنفسهم أمام مورفيوس إلا بزي حواء، أو في كثير من الأحيان، بزي آدم. فليس هناك أكثر جاذبية من بيجامة من القطن المنفوش، ويمكنها أن تساعد أيضًا على تبريد الجسم، وبالتالي توفير نوم أقل قلقًا، خصوصًا في الصيف، أو تحت لحاف ثقيل.

إيجاد الوضعية المناسبة

من منا ليس لديه وضعية مفضلة للنوم؟ لكل وضعية مزاياها وعيوبها، ويمكننا تحسينها، مع العلم أن معظمنا، على أي حال، يغيِّر وضعياته عدة مرَّات في أثناء الليل.

- **معظم الأشخاص ينامون على أحد الجنبين**، مع ثني الأذرع والأرجل في «وضع الجنين». هذا الوضع «الجنيني» يعزز استرخاء العضلات، ويسهل التنفس، ويحمي أسفل الظهر المستدير قليلًا، لكن إذا كان أعلى الساق مشدودًا إلى حدٍّ ما، فقد يسبب ذلك ألمًا في عضلات الأرداف. الحيلة: وضع وسادة بين الرُّكبتين، إضافةً إلى أنها تضمن محاذاة الفخذين جيدًا مع العمود الفقري.
- **النوم بوضع مستقيم على الظهر** يساعد على الشخير. ويمكن لوسادة تحت الرُّكبتين لثني الساقين قليلًا جدًّا أن تعالج هذا. فإذا كنتم تعانون آلامًا في الكتف، فمن الأفضل محاذاة الذراعين مع الجسم بدلًا من دفن اليدين تحت مؤخرة الرقبة.
- **نحو 26% من الفرنسيين يفضلون الاستلقاء على بطونهم**، وهي وضعية معروف عنها أنها وضعية تضر الرقبة. ولتجنب مشكلات الفقرات العنقية، يمكن وضع وسادة أسفل الصدر لرفعه قليلًا.

الزيوت العطرية للعودة إلى النوم بسرعة

يمكن أن يجرِّبها أولئك الذين يعانون الاستيقاظ الليلي (**النمط الثاني**).

الثنائي المذهل: اللافندر والبابونج الروماني

اللافندر الخزامي (يسمى أيضًا اللافندر الناعم أو الحقيقي) يعمل كمنوم خفيف ومزيل للقلق. وقد أظهرت التجارب السريرية التي أُجريت في المملكة المتحدة (مجلة الطب البديل والتكميلي، 2005) فوائده في علاج الأرق.

البابونج الروماني يهدئ من الإثارة والعصبية، وإضافةً إلى ذلك فهو يهدئ الآلام التي قد تعوق النوم.

أربع طرق لتناولها

التركيزات النقية للمكونات النشطة والزيوت العطرية عمومًا يحظر استخدامها في أثناء الحمل والرضاعة، وكذلك للأطفال دون سن السابعة، ويجب عدم زيادة الجرعات.

- **عن طريق الشم:** أبسط طريقة، وضع قطرتين من كلٍّ منها على منديل، فوق الوسادة الخاصة أو داخل المعصم، واستنشاقها بعمق. في حالة الاستيقاظ الليلي، يمكنك أيضًا أن تأخذ نفَسًا صغيرًا مباشرة من الزجاجة.
- **عن طريق الفم:** قطرتان يوميًّا من كل زيت عطري مع ملعقة كبيرة من العسل أو السكر.
- **عن طريق المساج:** في لحظة النوم، تُخلط أربع قطرات من الزيت العطري اللافندر الخزامي مع ملعقة صغيرة من الزيت النباتي (أركان، أو اللوز الحلو، إلخ). دلكوا ببطء في شكل دائرة على الضفيرة الشمسية وقوس القدم وداخل الرسغين.
- **في حمّام للاسترخاء:** امزجوا ملعقة كبيرة من أملاح الاستحمام أو سائل الاستحمام مع خمس قطرات من الزيت العطري. وضعوا هذا الخليط في الماء واغمروا أجسامكم فيه لمدة ثلاثين دقيقة، ولا تقوموا بالتشطيف.

البرتقال الحلو مُركزًا

كما يشير اسمه، فإنه يدعو إلى الهدوء والاسترخاء، سواء للجسم أو للعقل. يمكن توزيعه في غرفة النوم عن طريق سكب بضع قطرات في جهاز خاص، ليكون تشغيله قبل النوم بساعة واحدة، أو بإضافة أربع قطرات إلى وعاء من الماء الساخن (يوضع على جهاز التدفئة في الشتاء). في حالة نقصه، يمكن أن يحل محله الزيت العطري البتي غرين، القريب منه جدًّا.

وهناك خيار آخر ممكن بفضل طعمه اللذيذ: يمكن وضع ثلاث قطرات منه في طبق أو على حلوى.

ثلاث إيماءات استغاثة للعودة إلى النوم مرّة أخرى

استرخاء العضلات يجعل من السرير مكانًا للاسترخاء العصبي، وهو أمر أساسي لعدم الشعور بالتشنجات في حالة هروب النوم أو للعودة إلى النوم بأسرع ما يمكن.

دوائر الاسترخاء

ضعوا راحتي اليدين على العينين المغلقتين لتسترخوا، ثم حركوا اليدين فوق فروة الرأس، واضغطوا لأسفل بأطراف الأصابع في حركة ملتوية لتحريكها. وأخيرًا، باستخدام الأسلوب نفسه، اصنعوا دوائر صغيرة على الصدغين، وفي

تأثير القمر الكامل، خرافة؟

وفقًا لدراسة أجراها باحثون مجريون، عندما يكون النجم في ذروته، فإنه قادر بالفعل على التأثير سلبًا في جودة نومنا عن طريق تقليل أوقات النوم العميق والنوم المفارق وزيادة عدد مرات الاستيقاظ. قد يخطط الأشخاص «الحساسون للقمر» للحصول على زجاجة زيت عطري بجانب أسرَّتهم في «الأيام السيئة».

اتجاه عقارب الساعة، على مستوى الضفيرة (حيث تقع الأضلاع في منتصف القفص الصدري)، واستمروا لنحو دقيقة لكل منطقة.

جميع أنحاء الجسم

حاولوا عند الاستلقاء على الظهر أن تشعروا بوزن كل جزء من الجسم على المرتبة: اليد اليمنى ثم اليسرى، الذراع اليمنى ثم اليسرى، ثم أرخوا الجزء العلوي من الوجه (الجبين والعينين وفروة الرأس)، ثم الجزء السفلي (الخدين والفم والشفتين والفكين والذقن)، وحاولوا أن تشعروا بوزن الرأس كله على المرتبة، ثم اذهبوا إلى الرقبة والحلق والكتفين والظهر والردفين والساقين والقدمين حتى أطراف أصابع القدمين. عندما يبدو الجسم كله ثقيلًا، نبدأ دورة أخرى، هذه المرَّة نحاول الشعور بالحرارة: «ذراعي تزداد سخونة»، إلخ. ثم ننتهي من خلال التركيز على الشعور بالحرارة في الضفيرة الشمسية.

وضعية الطفل

وضعية اليوجا المثالية للاسترخاء قبل النوم: ننزل على الركبتين، ونجلس على الكعبين، ونفتح الركبتين بحيث تتماشيان مع الفخذين. وفي أثناء الزفير، نميل إلى الأمام لنضع الجبهة على المرتبة. تساعد الذراعان، فوق الرأس، على التمدد. ثم يمكننا خفضهما بطول الجسم، وراحتنا إلى أعلى، والكتفان مسترخيتان، والبقاء على هذا الوضع لمدة دقيقتين.

أفعل أم لا؟

إضاءة النور لمعرفة الوقت

عفوًا، خطأ فادح! بل خطأ مزدوج! قد يوقف الضوء إنتاج الميلاتونين، فضلًا عن أن رؤية عقارب الساعة وهي تدق مع عدم القدرة على النوم ستكون مزعجة إلى حدٍّ كبير. «ثلاث ساعات بالفعل، حسنًا، سأكون في حالة جيدة غدًا في العمل!»، بدلًا من قول ذلك، أخبروا أنفسكم أنكم عندما لا تنامون في منتصف الليل، فأنتم في حالة وسيطة، بين اليقظة والنوم، وهي حالة لها تأثير التجديد أيضًا.

استيقظوا إذا لم تناموا مرَّة أخرى بعد عشرين دقيقة

نعم، لاستقلال قطار النوم، عليكم أن تكونوا في حالة من «الاستسلام». إذا مر أكثر من نصف ساعة على الاستيقاظ، فانهضوا من السرير، وانتقلوا إلى غرفة أخرى، واسترخوا على كرسي للقراءة أو استمعوا إلى الموسيقى، ثم عودوا مرَّة أخرى إلى الفراش عندما تظهر العلامات الأولى للنوم.

عُدُّوا الخراف أو احكوا لأنفسكم حكاية

نعم، يبدو عدُّ الخراف شاقًّا بعض الشيء، لكن لا بد أنه نجح مع بعض الناس. إن ابتكار سيناريو ممتع، تكون فيه الحياة حلوة، ويصحح المظالم جميعها، ويحقق جميع رغباتنا العزيزة، هو طريق مختصر جيد لإغراقنا في شكل آخر من الأحلام.

استخدام الأجهزة المتصلة التي تحلل النوم

لمَ لا؟ لكن يمكننا الاستغناء عنها. فالنوم موضوع صناعة مزدهرة أنتجت مجموعة رائعة من الأدوات. فإلى جانب الساعات والأساور المتصلة، هناك «البيجامات الذكية» التي من المفترض أن تقلل من حرارة الجسم، و«الوسائد الذكية» التي تُصدر خريرًا وتسجِّل جودة ليالينا. تعرف بعض «الأجهزة المساعدة» كيفية أداء كل شيء (تحليل نومنا، وغرفنا، والاسترخاء، والإيقاظ، وتقديم المشورة لنا)، لكنها ليست رخيصة الثمن (150 يورو لأحدث الموديلات). ومع ذلك، يمكننا أن نوصي بتطبيق إي سوماي (متجر التطبيقات)، الذي طوَّره فريق مركز النوم واليقظة في مستشفى هوتيل ديو في باريس، فبإمكانه أن يسجِّل ليالينا على هواتفنا الذكية (مراحل الحركات والشخير والاستيقاظ والنوم)، ويتتبع بعض حالات انقطاع النفس. تتيح لكم الوظائف الأخرى اختيار الموسيقى للنوم بهدوء، والاستيقاظ في نهاية الدورة، والعثور على استشارة متخصصة بالقرب من المنزل، وما إلى ذلك.

> ### العلاقة الحميمية بين الأزواج تطرد التوتر
>
> أكدت دراسة في جامعة كوينزلاند بأستراليا، نُشرت في مارس 2019، أن العلاقة الحميمية تساعد على النوم بشكل أفضل. قال ما يقرب من 71% من المشاركين (الرجال والنساء الذين تتراوح أعمارهم بين 18 و55 عامًا) إنهم ينامون بشكل أفضل بعد الحصول على النشوة الجنسية مع الشريك.

الوصفة الصحية

جميع الحيل بين أيديكم الآن لتتصالحوا مع لياليكم. ها هو تذكير بالنقاط الرئيسية التي يجب تذكرها.

1. على مدى اليوم، الاستعداد لليالي الهادئة، بإعطاء إرشادات لأجسامنا للتمييز بين النشاط في النهار والليل.

2. وجود مجهود بدني كافٍ أمر أساسي، وهذا يولد «التعب الصحي»، مما يجعل السرير مكانًا أفضل للنوم.

3. التوتر هو المصدر الرئيسي للأرق، ويمكننا أن نتعامل بجدية مع ذلك، لا سيما من خلال اعتماد بعض تمارين الاسترخاء والاستجمام البسيطة.

4. العلاجات الطبيعية كالأدوية العشبية يمكن أن تساعد كثيرًا، مثل شاي الأعشاب والزيوت العطرية، فضلًا عن الجلوس قليلًا في الضوء. في الواقع، يوجد علاج لجميع الأنماط التي وردت في الكتاب.

5. البيئة، مثل الطعام، يمكن أن تعزز الراحة، أو على العكس تضر بها، ومن هنا تأتي الحاجة إلى معرفة كيفية اتخاذ خيارات نمط الحياة الصحية الصحيحة.

6. يمكن التوقف عن الهوس بالأرق، ما عليكم سوى أن تقتنعوا بأنه يمكنكم فعل ذلك، وأن تنفذوا كثيرًا من النصائح الواردة في هذا الكتاب. الكرة في ملعبكم الآن!

إلى اللقاء بعد ستة أشهر

هل حُلّت مشكلاتكم الليلية؟ هل تحسنت على الأقل؟ نقترح عليكم إجراء تقييم لمعرفة ما يمكنكم تجربته في حال لم تكن التغييرات الأولى كافية.

هل تحتفظ بدفتر للنوم؟ هل ساعدك ذلك؟	☐ نعم	☐ لا
هل تغيرت طريقة استيقاظك؟ هل ساعدك ذلك؟	☐ نعم	☐ لا
هل صححت نظامك الغذائي؟ هل ساعدك ذلك؟	☐ نعم	☐ لا
هل جربت تقنيات لمكافحة التوتر؟ هل ساعدك ذلك؟	☐ نعم	☐ لا
هل وضعت نصائحنا لك بخصوص ترتيب غرفة النوم موضع التنفيذ؟ هل ساعدك ذلك؟	☐ نعم	☐ لا
هل استخدمت الأدوية التكميلية (النباتات، والمعالجة المثلية، والزيوت العطرية، إلخ)؟ هل ساعدك ذلك؟	☐ نعم	☐ لا
هل تمكنت من التحرك أكثر؟ هل ساعدك ذلك؟	☐ نعم	☐ لا

هل لاحظت تقدُّمًا، لكنك لا تزال تفتقد النوم بعمق؟

لا تُحبَط، فأنت تتبع المسار الصحيح، ومن المؤكد أن هناك عددًا قليلًا من الموارد التي لم تستغلها بعد.

لمزيد من المعلومات

مراجع

1. دراسة أُجريت في جامعة سيول، ونُشرت في مجلة طب النوم السريري، في أواخر عام 2018.
2. دراسة منشورة في مجلة طب النوم، نوفمبر 2014.

دفتر العناوين

www.institut-sommeil-vigilance.org: الموقع الإلكتروني للمعهد الوطني للنوم واليقظة مليء بنصائح الخبراء، ويقدم خدمات متنوعة، بما في ذلك خريطة لمراكز الاستشارات المتخصصة.

www.reseau-morphee.fr: تجمع هذه الشبكة بين مختلف الجهات الصحية الفعَّالة (الأطباء، وأخصائيي العلاج الطبيعي، وعلماء النفس، وما إلى ذلك) من أجل الإدارة الكاملة لاضطرابات النوم. يوجد على الموقع، اختبارات شاملة للغاية، ومنتدى للأسئلة والأجوبة، وتفاصيل الاتصال للمهنيين (لكن فقط في منطقة إيل دو فرانس)، إلخ.

www.sommeilsante.asso.fr: تجمع جمعية النوم والصحة بين المرضى والمهنيين، وتقدِّم معلومات جيدة عن اضطرابات النوم وعلاجاتها، وتقدِّم الأسئلة الشائعة ودليل المتخصصين في النوم حسب المنطقة.

www.franceinsomnie.fr: تنشر الجمعية، التي تجمع أيضًا بين المرضى والمهنيين، المعلومات الأساسية الوجيهة. وعلى موقعها، هناك أيضًا كثير من الشهادات والنصائح، إضافةً إلى جدول للنوم.

دار جامعة حمد بن خليفة للنشر
صندوق بريد 5825
الدوحة، دولة قطر

www.hbkupress.com

Published in the French language originally under the title:
Les Cahiers Dr. Good! Enfin, je dors bien !
© 2020, Éditions Solar, an imprint of Edi8, Paris, France.

جميع الحقوق محفوظة.

لا يجوز استخدام أو إعادة طباعة أي جزء من هذا الكتاب بأي طريقة دون الحصول على الموافقة الخطية من الناشر باستثناء حالة الاقتباسات المختصرة التي تتجسد في الدراسات النقدية أو المراجعات.

إن الآراء الواردة في هذا الكتاب لا تعبر بالضرورة عن رأي الناشر.

الطبعة العربية الأولى عام 2022
دار جامعة حمد بن خليفة للنشر

الترقيم الدولي: 9789927161384

تمت الطباعة في بيروت-لبنان.

مكتبة قطر الوطنية بيانات الفهرسة – أثناء – النشر (فان)

كولينون، ماري-كريستين، مؤلف.

[Enfin, je dors bien!]. Arabic

أخيرا سأنام جيدا! / ماري كريستين كولينون ؛ رسوم كي لام، كميل بالي ؛ ترجمة بسنت عادل فؤاد. - الطبعة العربية الأولى.
الدوحة، دولة قطر : دار جامعة حمد بن خليفة للنشر، 2022.

64 صفحة : إيضاحيات ملونة ؛ 24 سم

تدمك 978-992-716-138-4

ترجمة لكتاب: !Enfin, je dors bien

1. إضطرابات النوم -- العلاجات البديلة -- الكتيبات، الموجزات الإرشادية، إلخ. أ. لام، كي، رسام. ب. بالي، كميل، رسام.
ج. فؤاد، بسنت عادل، مترجم. د. العنوان.

RC547 .C65125 2022
613.794– dc23

2022 28520439